福井発の挑戦

生協が取り組む
経営品質向上と事業ネットワーク

日本生協連会員支援本部・編

日本生活協同組合連合会

はじめに

今、全国の生活協同組合（生協）関係者や企業の経営者などから、北陸地方のある地域生協の取り組みが、熱い注目を集めている。その生協の名は、福井県民生活協同組合。その前身である福井労済生協物資部の設置から通算すると、創設以来、今年で四〇年になんなんとする、全国的には中堅の生協だ。

生協の活動が拠《よ》って立つ協同組合運動は、ロバート・オウエンの思想を水源として誕生し、資本主義とは別形態の組織としての協同組合を結成して、地域社会に着実な地歩を築いてきた。むしろ、今日の流通の一画を担ういわゆる地域生協は、他の私企業などとも連携を強めながら経済活動を行う事業体として、大きな存在感を示していると言えるだろう。

さらに、それらの生協の形態は、事業にせよ、組合員活動にせよ、不断に変化を続ける社会環境の中で、さまざまに変遷を遂げてきてもいる。かつて、事業的に〝右肩上がり〟といわれるような急成長を経験した各生協も、今日、組合員のライフスタイルや家族形態の変化、格差や貧困、人口減少や過疎化、さらには、少子高齢化といったさまざまな課題を抱えながら、大きな岐路に立たされている。

むろん、ステークホルダー（利害関係者）に対する社会的責任（Social Responsibility SR）を果たすべき組織としての生協への期待は、かつてないほどに高まってもいる。そうした状況の中で、二一世紀のあるべき生協像を思い描くとき、福井県民生活協同組合が取り組んでいる「経営品質」の向上や、「事業ネットワーク」マネジメント戦略強化のための〝挑戦〟は、さまざまな示唆に富んでいる。

本書は、「限られた市場の中で組合員組織率を高めていくこと」と「組合員との長期的な信頼関係をしっかりと構築し、より長く生協をご利用いただくこと」を掲げる同生協の〝福井発の挑戦〟について報告するために編まれた。生協の事業や活動に直接的に関《かか》わっている人たちだけでなく、その他の一般の読者にも、二一世紀の日本の社会が直面する多様な課題に対する一つの処方箋にもなり得る実践として、広く参考にしていただければ幸いだ。

日本生活協同組合連合会会員支援本部

はじめに——3

第1章 福井県民生協の「事業ネットワーク」はこうして始まった 13

住みやすさ全国総合第一位の福井県／組合員にとって何がお役立ちなのかを常に考える組織風土はどのようにして培われたのか／言葉ではなく、実際に身体を動かして、現場と現場が出合うことで〝化学変化〟が起こった／考え方が染み付くまでこんこんと言い続けるのが本部長の一番の仕事／何をおすすめするのがプラスなのかという組合員の視点で見ていく／〝ルール違反〟とは見なさないで「好事例」として表彰する懐の深さ／「事業ネットワーク会議」で話し合い、具体的な取り組みを決めることが業態の〝壁〟を低くする／コープこうべの地区本部制を参考に組合員組織を支部単位から地区単位に変更した／数字を追い掛けるマネジメントを突き詰めると組織全体ががらんどうになる／「経営品質」の取り組みとそのための環境整備を行うことを宣言／意義を共有し一丸となって取り組まない限り「経営品質」向上活動は進まない／ディスカッションを重ねる中で、本音で語り合い率直に意見をぶつけ合う信頼関係が生まれた／「組織プロフィール」を書くことで自分たちの組織を客観的に見る力がついた／幹部が生協の目指すことを同じベクトルで再認識でき少しずつ変わり始めた／組合員に褒められたり、励まされたりするとやる気が出る／職員の満足度を高めることが組合員の満足度を高めることにつながる／組合員の声を真摯《しんし》に受け止める〝傾聴〟の姿勢が大事／「併用利用者」はそれまでの「利用高の上限」を超えた利用額になっている

第２章　ハーツつるが発進！　55

京は遠ても十八里／「買いたいものがある」「三〇代組合員」をキーワードにハーツつるが誕生／減収の原因は宅配事業の供給が落ち続けていたこと／報告書から、商品や時間を特定する〝具体的な情報〟が抜け落ちていた／組合員をマスとしてではなく、違った暮らし方をする個人と捉える／総代を定点観測し

て満足を確認するまでが「声を聞く」こと／「店長に言っておきます」では答えにならない／「声を実現する」と捉え直して新しい〝プロセス〟を発見した／一人ひとりの組合員の満足が生協の事業を発展させる要《かなめ》／ハーツつるがを福井県民生協オリジナルの第一号店と位置付け／地域を知るＮＰＯ法人と新店舗でコラボレーション／ＮＰＯ法人を利用する人たちのほうがテナント効果があると確信／準備期間から組合員の参画を仕掛ける「特別増資」の取り組み／オープン直後のにぎわいが去ると来店客数は激減し供給高も割り込んだ／もう、本部の言うことは聞くな！　現場で回してほしい／パート職員の声を聞いたときありえないと思った／組合員は生協の事業を分けて考えてはいないという気づきから組合員に対する認識が変わった／宅配の組合員には生協に対する強い信頼感がある／宅配の担当者が来店を呼び掛けるのは当たり前になっている／〝Ｖ字回復〟への軌跡が「ネットワーク構想」のモデルに／組合員と同じ釜の飯を食べる仲間づくりの中から絆が生まれた／宅配の支所内が当たり前だった地区本部をあえて店舗に置く／店舗に宅配のカタログを置いたら夕方には無くなった／生協の敷居を低くするにはナチュラルに参加・参画できる場をつくるしかない／地域に根差したＮＰＯの活動を身近に感じ続けて学んだ〝ナチユラル感〟／一〜二歳児とその親を対象にプレイルームをスタートさせた／お母さんたちのニーズから、地域の健康を支える団体に発展――ジェリービーンズ／「どうやったら喜んでもらえるのか」ならアイデアも浮かびやすい／食に関心をもって利用してもらえるようなお店をつくりたい――組合員サポーター／〝やらされ感〟がない部活的な感じのお付き合い／キッズキッチンだからできる生協らしい産直の生産者との協力／競合店出店の大ピンチに羽水、さばえでも宅配担当者が地域を回った／宅配・店舗職員が一緒になってニーズを掘り起こしたら競合店のオープンは打撃にならなかった／現場の担当者をエンパワーすることで組合員をエンパワーする／個人が学び個人ができることとチームが学びチームができることは次元が違う

第3章　共に創り出す組織のありたい姿――103

アメリカの日本庭園専門誌が第三位に選んだ養浩館庭園／挑戦に重要な役割を果たしたのは第一線で元気に働く女性職員たち／人事制度は経営戦略によって変わるものだ／人事制度の抜本改革は「部分最適」から「全体最適」へのシフ

ト／周りのみんなが認める〝名匠〟に「マイスター」の資格を授与する／二人の「マイスター」の認定理由は多種多様／「マイスター」かく語りき①大田美佐子さん（ハーツ学園）／「マイスター」かく語りき②堀江栄さん（ハーツたけふ）／「職員満足」の共有が「全体最適」の組織風土を醸成する

第4章 買い物弱者のもとへと売場を運ぶ移動店舗・ハーツ便——139

福井県を分ける地域——嶺北・奥越・丹南・嶺南／私たちも一週間に一度でいいからハーツつるがのミンチ（ひき肉）が食べたい／ステーションの改廃など担当者の〝フリーハンド〟が許される新しい供給スタイル／ハーツ便のステーションを丁寧に雪かきして待っていてくれる利用者／ハーツ便が地域の人たちの精神的な支柱となっている／ステーションで自動可動式の車の側壁が外側に広がり車内に売場ができた／ちょっと値が張ってもちょっと珍しいものがよく売れる／補充する商品を積んだトラックが店から追いかけてきた／生協からの〝ご馳走〟を届けるため特別のハーツ便を出すこともある／ハーツ便の担当者には小売業の〝修業の場〟が与えられる／移動店舗は、ＣＳＲを体現する

挑戦として発展する可能性を秘めている／【コラム】移動店舗は最後のお客さまにまで供給できる仕組み

第5章　高齢者福祉という新しい地平――そして、被災地へ――　175

生協は「いのち」を育てる人としての営みに貢献してきた／一九世紀のイギリスで産声を上げげた協同組合運動／力をあわせて自分を守っていくためにできた「共同購入家庭班第一号」／地域の特徴を見据えて〝在宅〟から始まった高齢者福祉事業／地域密着型の〝二四時間三六五日支援〟介護事業／「いつでも頼りになる生協介護」に組合員と共に取り組む／地域代表者の助言や提案を生かしていくことが必要／単なる〝取り次ぎ〟として受けるのではなく、そこで完結させる／東日本大震災での福井県民生協の初動／すでに翌日に発せられた組合員に向けての義援金の呼び掛け／被災地域の商品を供給し、組合員が買い支えることで被災地域の人々を支援する／被災地の一日も早い復興と安寧の日が訪れることを祈って

福井県民生協のあゆみ　204
あとがき　207

カバーデザイン　ＯＶＥＲＡＬＬ

第1章

福井県民生協の「事業ネットワーク」はこうして始まった

住みやすさ全国総合第一位の福井県

〝住めば都〟という言葉は陳腐だが、多くの人にとって一面の真実を突いている。その意味で、その地域社会を構成する人たちが愛着を持つ自分たちの地域を活性化させ、その地域でより一層幸せに暮らせるよう取り組むのが、〝地域づくり〟なのではないだろうか。

本書で取り上げる、地域に密着した福井県民生活協同組合（以下、福井県民生協）が果敢に取り組みを継続している〝福井発の挑戦〟にしても、他の地域が取り入れる場合には、その地域ならではのやり方を模索して、さまざまにアレンジしなければ適合しないということはおおいにあり得る。そのことを了解したうえで、まずは〝挑戦〟の舞台となる「福井県」という地域について、ひと言触れておきたいと思う。

福井県は近年、週刊誌『アエラ』（二〇〇六年四月一〇日号）で、「都道府県上流度ランキング日本一」に選ばれるなど、さまざまな調査結果を根拠として、「住みやすさ全国総合第一位」の呼び声が高い。〝住みやすさ〟という言葉は、たぶんに主観的な評価が伴う概念なので、これを論理的に証明するのは難しいが、例えばこの県が、日本でも際立った

「健康長寿県」であることなどは、いわゆる客観的な意味からも、〝住みやすさ〟を表すものだろう。

さらに、単に県民が健康で長生きであるばかりでなく、生活するための経済的な豊かさを享受していることも、大きな評価ポイントとなるだろう。例えば福井県は〝持ち家率〟が非常に高く、その住宅の延べ面積が全国でもトップクラスの広さとなっていることなどは特筆に価する。県庁所在地の福井市でさえ、近郊ならば、三〇代の人が五〇～六〇坪ほどの家が建てられるという話もあり、住宅事情の厳しい地域に暮らしている人たちにとって、福井県民は、なんとも羨《うらや》ましい限りだ。

さらに福井県は、人口対比で医療や教育などが、いずれも高い水準を実現しているというデータもある。医療の面では、一時各地で問題になった、いわゆる医療機関の〝タライ回し〟という事態がほとんど起きたことがないとか、がん治療の先進性では全国を牽引している、などというような話も、取材の中でしばしば耳にした。

また、教育面の充実を物語る数字としては、小学生の全国学力テストで、福井県のレベルは、秋田県に次いで全国第二位、体力は第一位という結果もある。

こうした結果を裏付けるように、東洋経済社が発表した二〇一〇年の、都市別の「安心度」「利便性」「快適度」「富裕度」「住居水準充実度」などを指標とした「全都市住みよさランキング」でも、対象となった全国七八五都市のなかで、坂井市一二位、福井市一四位、敦賀市二三位など、福井県下の各都市が、軒並み上位にランクインしていることは、福井県のくらしの質を考えるうえで、興味深いデータだ。

いささか牽強《けんきょう》付会《ふかい》の感がないでもないが、そうした地域で取り組まれている、未来を見据えた挑戦が、今、注目されているということを、最初に確認しておきたい。

組合員にとって何がお役立ちなのかを常に考える組織風土はどのようにして培われたのか

さて、そんな福井県で、「事業ネットワーク」構想を打ち出し、宅配業態で培ってきた組合員との信頼関係をベースに、店舗事業、子育て支援、高齢者介護、CO・OP共済など組合員のニーズの高い事業を組み合わせ、五つの事業で地域のくらしへのお役立ちを行なっているのが、他ならぬ福井県民生協だ。同生協は、一九七八年の創立以来、組合員のくらしをさまざまな活動と事業で支え続けてきた実績を持っている。

今日、福井県民生協では、宅配の職員が、配送時に組合員に対して店舗への来店を呼び掛け、店舗の「キッチンサポートコーナー」[*1]では、宅配のみの取り扱い商品を使った試

福井県民生協の店舗では、「共同購入」（宅配）をおすすめするコーナーなどが、ごく自然に設置されている。

食を提供して、来店した組合員に宅配への興味を喚起している。

　また、子育て支援施設の壁には、店舗のチラシが掲示され、店舗には〝季節の風物詩〟として、子育て支援施設に通ってくる子どもたちの作品が展示されることもある。子育て支援施設の食事も、高齢者介護施設で提供する食事も、使用するのは宅配の取り扱い商品であり、店舗の取り扱い商品だ。

　こうした業態間のミックスによるアピール効果は、〝生協＝食〟というイメージを大きく変化させた。地域のくらしを支える生協というイメージが広がり、ＮＰＯや行政との協力関係など、福井県での存在感もさらに増している。

　そして、その業態間のミックスは、子育て

支援施設に預けた子どもを迎えにきた保護者が、隣接する店舗で買い物をする姿が当たり前になるなど、複数の接点で生協を利用する組合員を増やし、好循環を生んでいる。

宅配事業を担う現場の職員も、当たり前のように店舗のためにできることを考え、店舗の職員はそれに応えるため、できることを考える。他の業態についても同じだ。

組合員にとって、生協は一つのものだ。宅配の組合員、店舗の組合員という発想は、生協が運営する事業の側から見たものであって、組合員にとっては関係ない。組合員の側から見て、組合員にとって何がお役立ちなのかを常に考えるということだ。組合員と実際に接するのは、現場の職員だ。一人ひとりの組合員との対応の中で、自分で考えて、判断できる職員が育ち始めている。

こういった組織風土は、どのようにして培われてきたのだろうか。

言葉ではなく、実際に身体を動かして、現場と現場が出合うことで〝化学変化〟が起こった

「ああ、ここまできたんやなと思いますよ。本当に溝があったんですよ。宅配と店舗は全く別物だと思っていた。今は全然、境目がないですものね」と話すのは、入協して一〇

年という湯川利暁《ゆかわとしあき》さん。

最初は宅配の担当者からスタートし、現在は商品部に異動になったが、取材当時は移動店舗「ハーツ便」や、高齢者向け夕食宅配などをとりまとめていた。

宅配の支所の担当者時代、店に買い物に行くという発想もなかったし、店長の名前すら知らなかったと言う。

「福井県民生協のトップが『地区本部経営』と言い出した時期があって、そこからゆっくり変わってきたんですよね。例えば、店長と支所長の関係は以前より緊密になりました。でも、店舗の部門の担当と配送の担当の溝はすごくありましたね」

業態間に、厳然として存在しているかのように見えていた溝がなくなってきたのは、いつ頃からなのだろうか。

「感覚としては〝知らない間に〟ですよ。気付けば、そう言われてみれば、昔、考えられなかったことを結構やっているなと。

昔は（宅配と店舗は）別物という感じがあったし、何かにつけて、取り組みがかぶるじゃないですか。例えば、ＣＯ・ＯＰ共済のキャンペーンの実績とか。どっちの件数にするかとか、そういうのでみんな必死になっていた。そういうネガティブなことを聞かなくなりました」

宅配の職員が店舗の入口で、宅配の利用をすすめる活動を積極的に行うようになり、顔を合わせる機会が増えたことも大きいのではないか、と湯川さんは言う。

店舗に行けば、自然に店舗内のあれこれが目に入る。働いている職員の姿を目にすることで、仲間意識も生まれてくる。店舗の職員も、宅配の職員が懸命に店舗での利用をおすすめする姿を見れば、何かしてあげられることはないかと考えるようになるだろう。言葉ではなく、実際に身体を動かして、現場と現場が出合うことで、〝化学変化〟が起こったのではないだろうか。

「今や、お店で無店舗事業である宅配の拡大を本気でやっています。で、支所はお店が取り組む『おもてなし』、お盆、年末のオードブルの別注を本気でやります。ただ『案内』のチラシをまくだけではなくて、帰ってきたら電話でおすすめをして、必死でやっていますね」

そういう関係が当たり前になり、あらためて聞かれるまで、溝があったことなど忘れてしまっていた、と湯川さんは振り返る。

「ギブアンドテイクじゃないですけど、活動をやり合う中での信頼関係が育ってきた。劇的に変わったなあと思います」

考え方が染み付くまでこんこんと言い続けるのが本部長の一番の仕事

「担当の考え方を、生協職員としての担当という意識に変えていく。宅配を中心に実務をやっているんですが、生協の『サービス』と『商品』をおすすめしていくんだということを教え続けるのが大事だなと、今、僕は思っているんです」と言うのは、第二地区本部の本部長、野村伸一《のむらしんいち》さんだ。地区本部の本部長は、エリアの五つの事業と組合員活動の両方を見る役割を担っている。

「もともと『事業ネットワーク』の考え方が、組合員を軸に置いて、何の商品、何のサービスを提供するか、ということなんです。その考え方は、一回、説明しただけでは、ピンときませんよね。でも、一年を通じて、そういう考え方をこんこんと言い続けるというのが、考え方を変える上で一つの手段になると思いますし、そこが、僕の一番の仕事なんです」と野村さん。

組合員は結局、生協の宅配や店舗、CO・OP共済などの事業を、バラバラに見ているわけではない、ということだ。自分のくらしに合わせ、その必要に応じて、それぞれの事業を利用しているという、ある意味では自明の事実だった。

にもかかわらず、従来、生協の担当者は、「自分は宅配の担当」「私は店舗の職員」というように、縦割りによる役割分担意識の下で働いていた。それでは、組合員のために、ほんとうのお役立ちはできないだろう。「事業ネットワーク」とは端的に言って、組合員の視点に立てば、「生協の事業は相互につながっている」という発想に立てるかどうか、ということに他ならないのだ。

そして野村さんが、こんこんと言い続けるのが本部長としての一番の仕事、と言い切るにはそれなりの理由がある。それは、自身の経験によるものだ。

「事業ネットワーク戦略」という言葉を初めて聞かされたとき、野村さんも「何を言ってるんだろう」というふうにしか受け取れなかったという。おそらく、他の職員も同じ気持ちだったのだろう。方針が出された最初の一年間は、実質的にはそういう行動にはなっていなかったと振り返る。

「それがこんこんと言われ続けると、そうなのかなと思い始める。それなりの行動をしていく上で、その考え方がやっと染み付いたという感じです。僕らのような管理職もそうですし、一般の担当者も一緒です。こんこんと言われ続けてそうなったというのが、正直なところです。

今では、新人研修からそれを言っていますけれど、徐々に徐々に、そういう考え方が根付いていって、それをするためにCMRシステム[*2]がいるよね、とか。宅配の職員に店舗の情報を週次で伝えないといけないよね、とか。後は、宅配の利用状況だけじゃなくて、店舗の利用状況も担当職員が把握してないと駄目だよねとか、そういうツールが工夫されてきて、今の状態があると思います」

何をおすすめするのがプラスなのかという組合員の視点で見ていく

「それぞれの事業では、店舗には店長がいるし、宅配には支所長がいます。子育て支援施設や高齢者介護施設にも、それぞれ施設長がいる。それはやっぱり自分の事業所が一番なので、自分の事業所を優先します。そこを地区のコントローラーとして、各事業所長の行動を調整していくのが、僕の役割ですね」と、野村さんは話す。

「もちろん、地区の経営責任もありますけど、経営の結果は数字に反映されるものなので、その前に担当者の意識を変えていくことと、各事業所長の行動を調整していくこと。この二つが一番大事かなと思っています」

具体的には、今、ここで何をおすすめするのが、組合員にとってプラスなのかという、組合員の視点で見ていく。

例えば、職場で宅配を利用している人の場合、職場自体がお盆などで休みになれば、その間、宅配の利用を休まざるをえない。そういう時には、店舗の商品情報やお買い得情報をお伝えすることが組合員にとってプラスになる。ならばその週は、宅配のおすすめを脇に置いても、店舗のおすすめを中心にやろう、という合意形成をしていくわけだ。

宅配では、お盆、年末、ゴールデンウイークといった、店の供給が大きく上がるタイミングで年間のキャンペーンを行い、エリア内の店舗への来店を呼び掛けている。日常的には、当然ながら宅配のおすすめを中心に行い、ポイントになる紋日（旗日）などには、みんなで一気に来店を呼び掛ける。それは、「共済キャンペーン」に近いイメージだ。

「昨年、新店を出店したエリアでは、来店を呼び掛ける取り組みを一生懸命やっていました。『店へ行ってください、行ってください』って。なかなかすぐ結果は出ないんですけどね。行動を通じて、担当者の考え方が変わってくるし。それを店長が頑張ってできるかというと、できないので、地区本部長が頭にいて、統制するというのが大事だと思っています」

野村さんが意識していることは、もう一つある。

「事業に携わっている担当というのは、〝数値、数値〟という意識になりがちなので、『組合員活動なんて、私たちには関係ない』という考え方の職員も中にはいます。そういった職員に対して、事業外のところでも、組合員のくらしを豊かにしていくのが生協の使命なんだ、という考え方を、しっかり植え付けていかないといけないなと」

「事業外でのお役立ち」という考え方、これもやはり、言葉で説明しただけでは分かりづらい。そこで、組合員活動の場に、実際に職員を参加させることで、その意義を体感させている。

「認知症の学習会に参加させたり、福祉の利用者さんをお楽しみ会の会場にお連れするボランティアに参加させたり。そういうことは積極的にやらせますし、他の地区本部でも、かなりやらせています」

そこには、自分がいつも商品をお届けしている組合員の参加があり、違った面の発見につながるかもしれない。組合員を一面的に見るのではなく、地域で生活する多面的な存在として見ること——組合員活動への参加は、こうした訓練にも役立っているように思えた。

〝ルール違反〟とは見なさないで「好事例」として表彰する懐の深さ

「事業ネットワーク戦略」という言葉が定着するにつれ、組合員のためにという発想での行動が生まれてきた。

例えば、宅配を利用されている高齢の組合員が買い忘れたもの、あるいは宅配で取り扱いのない生鮮品などを、福井県民生協の店舗「ハーツ」に買いに行き、お届けしていたメイト（パート）職員の取り組みが、「好事例」として表彰を受けている。

宅配であれば次週以降のお届けになってしまうが、「ハーツ」に行けばすぐに買ってお届けできる。それは厳密に言えば、〝ルール違反〟なのかもしれない。配送後は寄り道せず、支所にまっすぐ戻るのが本来だろう。

けれども、目の前の組合員にとって何がお役立ちなのか、その一点に基づいて、自分で考えて出した職員の結論が「自分が買って届けよう！」だったときに、それを〝ルール違反〟とは見なさない。この行動を「好事例」として取り上げることができたところに、福井県民生協の懐の深さを感じた。

同時に、宅配では対応できないけれど、店舗に行けば買える、とその職員が思いつけたのは、「事業ネットワーク」の効果だ。宅配は宅配、店舗は店舗という意識であれば、「無理です。ごめんなさい」で終わったはずだ。できないものはできないのだから。

しかし、「事業ネットワーク」という言葉が定着し、組合員にとって「生協は一つ」という考え方が浸透する中で、業態の〝壁〟という意識は徐々に薄らいでいったのだろう。

「事業ネットワーク会議」で話し合い、具体的な取り組みを決めることが業態の〝壁〟を低くする

「理解できないと思いますけど、きのうの会議のテーマは土用のうなぎ。『店舗』のうなぎの供給を上げるために、『宅配』でどうやってやろうかという話を、子育て支援や高齢者介護施設の施設長も一緒になって話し合ったんです」と言うのは、事業ネットワーク商品事業本部執行役員の中川政弘《なかがわまさひろ》さんだ。

福井県民生協では、五つの業態全ての所属長が集まる「事業ネットワーク会議」が月一回行われている。各業態からの報告主体の会議ではない。福井県民生協として、その時期に取り組む課題について、知恵を絞り合い、具体的な行動を提起する会議だ。

宅配の組合員拡大を店舗でどうすすめるか、もしくはCO・OP共済をどうすすめるかなどについても、この「事業ネットワーク会議」で話し合い、具体的な取り組みを決定していく。

七月中旬、宅配のうなぎの取り組みは、注文書の回収がすでに終了し、目標達成はほぼ確定。まだ目標達成していない店舗での予約注文を、宅配の職員がどうやってサポートするか、という話し合いがもたれた。

最初、宅配の所属長からは「組合員にはもう伝えたし、これ以上、パイがありません」という弱気の発言が出された。ある意味、納得のいく発言だ。しかし、「そうですか、仕方ありませんね」で終わらせないのが、この「事業ネットワーク会議」だ。

角度を変えた切り口で知恵を出し合い、ああでもない、こうでもないと話し合う。

「昨年の利用者には、もう全員、おすすめしたし」

「でも、宅配じゃなくて、お店でうなぎを利用した人もいるんじゃない？」

「あ、そこは当たってない！」

三時間の会議の結果、店舗でのうなぎの利用者をリストアップし、そこから宅配を通じて、「店は店で利用してくださいね」という案内を個別にかけていこう、という話がまとまったという。

「所属長とすれば、自分の〝お城〟ですから、『なんでそこまで店のことをしないといけないのか』と思うでしょう。僕が支所長だったらそう思うし、むしろ、そういうふうに思っている人間の方が、頼もしいとも思うんです。自分の仕事に責任とプライドをもっているわけですから。理解すれば、絶対に協力するし、起爆剤になってくれるはず。現場の担当者ラインでは、当然しないといけないものだと思っている。むしろ、中間管理職ラインにまだ疑問や不満があるでしょうね」と中川さん。

ここに「こんこんと言い続けるのが、僕の一番の仕事」と言った、第二地区本部長の野村さんの言葉が、かぶさって聞こえてくるようだ。

事業ネットワーク商品事業本部執行役員
中川政弘さん

生協として何を行うにしても、常に「事業ネットワーク」として取り組むことを大前提とし、話し合いを通じて合意形成を図っていく。この地道な取り組みが、業態の〝壁〟をさらに低くしていくに違いない。

コープこうべの地区本部制を参考に組合員組織を支部単位から地区単位に変更

「業態の〝壁〟を壊す」と一口に言っても、それは容易なことではない。「壊せるものなら壊したい」と、じれったい思いの人も少なくないだろう。そして、これは生協だけでなく、一般の企業でも営業部と開発部の反目などは、よく耳にする話だ。その難しい〝壁〟を、福井県民生協がどう乗り越えていったのか、時間軸に沿って道筋を追い掛けてみよう。

話は、福井県民生協が第一号店を出店した、一九九六年にさかのぼる。当時の問題意識を、竹生正人《たこうまさと》専務理事は、こう語る。

「今まで宅配業態のみで展開していたところに店を出すということは、店舗事業を通じて、新たに参加してくる組合員が生まれるわけです。理事長（藤川武夫《ふじかわたけお》さん）ともいろいろ話をしたのですが、これらの新しい組合員にどう対応していくのか、意見や意志を受け止めるためにどういう受け皿を用意できるのか。これが大きな課題になると考えました」

もともと福井県民生協では、宅配の支部単位で集まった支部運営委員会を軸にして、組合員組織の運営を行っていた。これをどう変えていくのか。

「店舗展開を広げている生協が全国にありましたから、その中で組合員の組織が徹底的に変わることは分かっていました。しかしこれは、わたしたちにとって未知の領域であって、どのような受け皿がふさわしいのか、目当てがあったわけではないんです」

分からないのであれば、先人に素直に学ぼうということで、コープこうべの地区本部制を参考に、組合員組織を支部単位から地区単位に変更した。地区単位で総代会議を開き、

専務理事
竹生正人さん

全体で総代会を行う。そういう形での合意形成を図っていくやり方だ。業態は関係なく、いろいろな業態を利用している組合員が代表として集まり、論議して一つの方針を決めていく、というあり方が必要という判断だった。

事務局組織と組合員組織を、別々の枠組みで運営していくとひずみが生じるということで、業務組織の形態も、その時点で一挙に地区本部制に変更した。

実はこの組織形態の変更が、その後の「事業ネットワーク」という新しい価値創造の伏線になるのだが、この時点ではまだ誰も気付いてはいない。

数字を追い掛けるマネジメントを突き詰めると組織全体ががらんどうになる

九〇年代後半、生協のみならず小売業全体の経営が厳しい状態の中、福井県民生協は、数値にとことんこだわるマネジメントで成果を挙げ続けていた。それが、ほころびを見せたのは二〇〇〇年。福井県民生協創立以来、初めての減収。そして、それは三年続いた。

当時の苦しい思いを、藤川武夫理事長はこう語る。

「供給高がどんどん落ちていく。そしたら売り上げを上げなきゃならない。はっきり言うと、ノルマのようなマネジメントが強くなっていく。そうすると、第一線の担当者は、組合員さんに無理やり『商品を利用してください』とは言えませんから、気持ちがつらくなるんですよ。『それでも売ってきなさい』となると、今度は職員が組合員さんに愚痴をこぼしはじめる。リーダー格の組合員さんに『お願いしますよ、皆さんから専務に言ってくださいよ』となる」

総代会で組合員から、「そんなに売り上げを追わなくてもいいじゃない。現場の担当者がかわいそうじゃない、専務、なんとかしてよ」という声が当時、専務だった藤川理事長に向けて発せられたこともあるという。

三年連続の減収であったが、経常剰余は百パーセントを確保し続けていた。組合員との関係では、総代会で決定した以上、組合員に還元すると約束した「利益確保だけはわれわれの責任」という藤川理事長の信念に基づくマネジメントの成果であり、効率を求め、数字を徹底的に追い掛けるマネジメントの成果といえる。

しかしながら、そのマネジメントは限界にきていた。

日本経営品質賞[*3]（受賞に至る福井県民生協の取り組みについては、次節・〈「経営品質」の取り組みとそのための環境整備を行なうことを宣言〉以下で詳述）受賞式の質疑応答で、前出の中川さんはこう述べている。

「わたしも当時、現場の責任者だったのですが、『やれと言われたからやりました。右に行けと言われたから行きました。やれと言われたからやっただけです。わたしは悪くありません』。一言で言うと、そういう組織だったのかなと」

職員が上司の顔色ばかり見て、組合員の方を見ない。数字を追い掛けるマネジメントを突き詰めると、組織全体ががらんどうになると、藤川理事長は自戒をこめて語る。

理事長
藤川武夫さん

「経営品質」の取り組みとそのための環境整備を行うことを宣言

厳しい経営状況の中、二〇〇一年、藤川さんは専務理事職を竹生さんに譲り、理事長に就任した。現行のマネジメントの行き詰まりを感じる中での理事長就任。それを、マネジメント転換の最大のチャンスと捉えた。

「専務時代と同じ理事長では意味がない。では、わたしのやるべきことは?と自問自答した結果、『経営品質』の取り組みに出合ったわけです。『経営品質』の取り組みは何をしなきゃいけない、というようなことは、本にもどこにも書いていない。自分たちのマネジメントを進めるに当たって、より進めやすくするための気付きを、より早く、より多く生み出していくための手だてとしての意味合いが強いんです。『経営品質』の取り組みを行うことで、職員の組織風土を百八十度変えようと思って始めました」

「経営品質」の取り組みを行う。そして、そのための環境整備を行う。この二つのことを、藤川理事長は宣言した。

それを機に、福井県民生協は経営品質協議会が提唱する「経営品質」向上活動に取り組む。取り組みの中でいくつもの気付きが生まれ、二〇〇三年、二〇〇四年に福井県経営品質賞優秀賞の連続受賞、二〇〇五年に同知事賞、そして、二〇〇七年の日本経営品質賞（大規模部門）の受賞につながっていくのだが、本格的に活動に取り組むまでには、ほぼ二年にわたる準備期間が必要だった。

意義を共有し一丸となって取り組まない限り「経営品質」向上活動は進まない

最初に研修を受けたのは、現在、管理福祉本部統括部長を務める広辻光生《ひろつじみつお》さんだ。

「たまたま経営企画部にいたので、『お前が最初に行って見てこい』と。『経営品質』というからには、『経常剰余を上げるための仕組みを何か勉強してこい』ということだな、という認識で行ったところ、全然、違いました」

「経営品質」向上活動とは、これまでの経営のあり方を振り返ることで、将来のありたい姿の実現に向けた経営革新活動のことで、自分たちの強みと弱みを把握することを推奨している。

具体的には、現在の業績はどう生み出されてきたのかについて、「経営における方針・

戦略と第一線の業務までの一貫性」と「顧客ニーズを商品の企画・開発に結びつけ、生産・販売する一連の価値創造の過程と働く人の能力開発や育成などの連携性」という二つの関係を八つのカテゴリーで振り返っていく。

「収益性の改革だったら、一人で起案してできるかもしれないけれど、これは組織全体の風土を変えないとできないこと。わたしごときが独力でどうこうできることではないと痛感しました」

「経営品質」向上活動の意義を共有し、幹部が一丸となって取り組まない限り、この活動は進まない。そう考えた広辻さんは、役員はじめ幹部職員全員が研修を受けるべきだと訴えた。

その一方で、藤川理事長も決断を迫られていた。福井県民生協では、藤川さんの理事長就任を機に、理事会メンバーの構成比を大きく変えた。地域代表の組合員が八〜九割を占めていたものを、組合員代表を三分の一、常勤を三分の一、行政関係者・学識者・地域の経済界のメンバーといった外部の理事を三分の一とした。

二〇〇一年に理事会の構成を大きく変えた際に、「経営品質」向上活動に明るい人物に理事会メンバーとして加わってもらい、理事会の後に学習会を行うなど、指導を受けてきた。その人から、こう指摘を受けたのだ。

『『経営品質』の考え方というのは分かりましたでしょう。これは、顧客を大切にする経営なんです。生協でいうと組合員を大切にする経営ということ。口で言うのは簡単だけれども、組織、つまり職員の考え方を変えなければ駄目ですよ。福井県民生協は、今、業績が下がっていますね。そこで経営品質を中途半端にやると、さらに業績が下がります。組織がバラバラになりますよ。そして、そのことにビックリして途中でやめてしまうと、さらに悪くなります」

そして、「一か月の猶予をあげるから、組織一丸で取り組むのか、やめるのかをよく考えなさい」という厳しい言葉が続いた。

藤川理事長は、「経営品質」向上活動を福井県民生協の中心に置くことを決断！　当時の次長クラスから役員まで、一七人全員が研修を受け終わった二〇〇二年七月に、アセスメントチームを立ち上げた。

ディスカッションを重ねる中で、本音で語り合い率直に意見をぶつけ合う信頼関係が生まれた

「経営品質」の取り組みでは、自分たちで自分たちをチェックして、何が強みで、何が

弱みかを見つめていくセルフアセスメントが大切だとされている。広辻さんが事務局となり、五〜六人ずつのグループをつくり、八つのカテゴリーについて、半年かけてディスカッションを行った。

理事長、専務も各チームに加わったグループでのディスカッションは、月二〜三回のペースで行われた。カテゴリーごとに強みと弱みを出し合い、最終的に全体で擦り合わせを行い、その結果を次年度の方針に反映させることも決まった。

「正月にみんなで出てこいということで、一月三日に発表会を行いました。もちろん、発表会自体も良かったんですが、そこに至るまでのプロセスが良かったと僕は思っています」と広辻さん。

「日常の業績の話とは別に、役員も含めて管理職がじっくりと時間をとって話をする。しかも月二、三回、顔を合わせるわけです。ディスカッションを続ける中で、最初は遠慮がちだったメンバーが、言いたいことをどんどん言い出しました」

例えば、八つのカテゴリーの〝No.1〟は「経営幹部のリーダーシップ」だが、このカテゴリーのディスカッション中に「『経営品質』の本には、『自らが経営理念を全職員に伝えるのがトップの仕事です。これが経営品質の考えるリーダーシップです』とありますが、県民生協でそれを実践していると言えるんでしょうか？」などという発言が飛び出すこともあったと聞いた。

カテゴリーの〝No.5〟には「職員の意識」という項目があるのだが、ディスカッションしてみると、職員が何を求めて働いているのか、誰もよく分からない。ましてや、そういった視点での調査を行ったこともない。〝雲をつかむような〟話にしかならない。幹部が職員を見ていないということに、否応なく気付かされた。

各項目についてディスカッションを重ねる中で、本音で語り合い、率直に意見をぶつけ合う信頼関係が生まれた。

「組織プロフィール」を書くことで自分たちの組織を客観的に見る力がついた

経営品質向上活動では、八つのカテゴリーで自分たちの姿を見ていくセルフアセスメントと併せて、「組織プロフィール」を書くことが求められる。

「『あなたの組織はどういう組織ですか?』『何を大事にしているんですか?』そういう問い掛けなんですが、これが実際にはなかなか書けない」と、竹生専務は当時を振り返る。

「あらためて考えると、いっぱい大事にしているよな。『安全・安心』』、組合員のために……。いっぱいあるけれど、それって、それぞれが思っていることなんですね。自分はこう思っている、ああ思っているというのを出し合い、擦り合わせていくという発想は、それまでありませんでした」

実際に出し合ってみると、管理職の中でも、それぞれの立場や経歴などで、違ったものが出てきたという。どれも間違ってはいない。さまざまな〝切り口〟があるということだ。

当時、第三地区の地区本部長の立場でディスカッションに参加していた中川さんは、「その当時、理事長が旗を振ってやっていたわけで、僕らはよく分からないで見ていた。今になって分かるのは、『組織プロフィール』を書かせること自体が、自分たちが自己をどう認識しているのか、を書かせるということで、書くことを通じて、自分たちの組織を客観的に見る力が付いた」という認識を持っている。

「当時は、こんなしょうもないこと書かせて、と思っていた。物事は後から気づくことの方が多いんだなって」と言って、中川さんは笑った。

幹部が生協の目指すことを同じベクトルで再認識でき少しずつ変わり始めた

参加メンバーのそれぞれが、大事だと思うことを出し合い、それがなぜ大事なのかをディスカッションの中で突き詰めていくと、「創業の精神に行きついた」と、竹生専務は言う。

ディスカッションを重ねる中で、自分たちの価値観をきちんと伝えること、これがそもそもコミュニケーションの一番の基本ではなかったのか、という気づきが生まれた。

「なんのために生協をつくったのか。その創業の精神を、ある時点からわたしたちは伝えてこなかった。わたし自身は、創業期を多少でも経験している世代ですが、その後、八〇年代、九〇年代前半から宅配が急速に伸びて、いわゆる生協の高度成長期にたくさんの職員が入協してきた。その職員が今、管理職になっています

われわれが創業者の精神を、かれらに伝え切れていなかったのではないか。ある時点までは、そのことを一生懸命やってきたんだけれど、ある時点から、ふと見失ってしまった、あるいは比重を落としてしまった。そこから迷い出してしまったことがあるんじゃないか」

ディスカッションの中で、こうしたことが徐々に思い出されていったと竹生専務は語る。

トップの気づきと並行して、業態の責任者にも、さまざまな気づきが生まれていた。

「業態の運営部ではこう考えているけど、現場の実際はこうなんだというのが出てきて、そこでディスカッションが行われ、あらためて、できていること、できていないことが明

確になりました。解決すべき課題を、ある程度洗い出すことができた。そこで、『職員満足度調査』をやろうとか、各現場でちゃんと時間をとって、常勤部が方針を話す機会をつくろうとか、いろいろ始めたんです」と広辻さん。

幹部がある程度、生協の目指すことを同じベクトルで再認識でき、「できていないことはこういうところで、次の年はこうしよう、というのが少しずつ回り始めたときから、少しずつ変わり始めたのかな」と広辻さんは認識している。

組合員に褒められたり、励まされたりするとやる気が出る

セルフアセスメントの発表を受けて、すぐに「職員満足度調査」を行った。どういう取り組みが職員にとってやる気の出る、モチベーションのアップする取り組みになるのかを把握することが目的だ。

「最初は、何が満足度なのか、どういう項目を聞いていったらいいのかがよく分からなかったので、『満足度調査』を専門にやっている外部の機関にお願いして、調査を行いました」と管理部次長の内麻《うちま》良恵《よしえ》さん。

そこで出てきた問題点を整理し、その満足度を上げるためにはどうしたらいいのか、不満足を解消するためにはどうしたらいいのかを、現場の所属長、現場の職員にいろいろ聞きながら、取りまとめをしていった。

しかし、調査を重ねても、なかなか「職員満足度」は思ったようには変化しなかった。「こんなに変わらないなら、もうやめようか」と思ったほどだ、と藤川理事長は言う。

職員の満足度をアップさせる要素は、給料などの衛生要因[*4]を除くと、動機付け要因[*5]だと言われている。動機付け要因の何がモチベーションにつながるのか。そこをつかみ切れていなかった。

「職員満足度調査」の数字ではなく、「自由記述欄を見るように」と、「経営品質」向上活動に詳しい理事に指摘されたことが、変化の大きなきっかけになった。

「どうなったときに、いちばんうれしいですか？　やる気がでますか？」という質問に、ほぼ全ての職員が異口同音に、「組合員に褒められたとき」と答えていたのだ。「自分は組合員に褒められたり、励まされたりすることが、この仕事をやっている最低限の歯止めだ」と書いてきた職員もいた。

職員の満足度を高めることが
組合員の満足度を高めることにつながる

「もともとうちは、職員にやさしい組織ではなかった。職員をコストとしてしか見ていなかった。人件費はできるだけ少ない方がいい。人件費率は落とした方がいいという考え方。経営から考えたら当たり前なんですが、そういう価値観が当たり前になっていたし、当時は、そのことに違和感をもたなかった」と竹生専務は振り返る。

「職員満足度調査」の結果も、数字として捉えていた。職員一人ひとりの心の裡《うち》を見ようとしていなかったのだ。

「『自由記述欄』なんて見たことないです。膨大ですからね。でも、『それを見てください。しかも、じっくりと読み込んでください』と言われたんだから、読み込んでみるか」と読み始めたところ、カッと頭にくるような批判の言葉もたくさんあったという。

しかしそれ以上に、「組合員に喜ばれること、褒められること。これがいちばんうれしい、いちばんやりがいがある」と書きつづられた多くの言葉が、竹生専務と藤川理事長の心を打った。

「そのとき初めて、『ああ、これなんだ』と気づいたんです」と竹生専務。「これだけ厳しいマネジメントを要求されながらも、かれらが踏ん張っているのは、組合員さんに喜ばれたいという気持ちを、みんながもっているからだ」と、このとき、あらためて気付いたと藤川理事長も言う。

「『ＥＳ（職員満足）なくしてＣＳ（顧客満足）なし』[*5]と言いますが、職員の満足度、やりがいを高めることが、組合員の満足度を高めることにつながるし、それが結果としてストレートにつながるかどうかは別にして、生協の業績にもつながると考えるようになった」と竹生専務。

その認識を経営層がもちはじめたときから、「職員満足度」は少しずつ上がり始めた。「職員満足度」の動機付け要因が、組合員に喜ばれることであるならば、そこに役立つ環境整備とは何なのか、何をすればよいのか。そこに目を向けることで、修正のスピードが早くなり、規模も大きくなった。質問項目の中で満足度が低いところについて、その項目を出している部署はどこかを把握し、再調査し、「どうしたら満足度が上がるかを考える」というプロセスができていった。

組合員の声を真摯《しんし》に受け止める〝傾聴〟の姿勢が大事

「わたしたちがCS（顧客満足）という言葉を初めて知ったのは、二〇〇〇年に『経営品質』向上活動を始めてからなんです。それまでは、そういう概念をまったくもっていなかった」と竹生専務は振り返った。「生協は組合員のためにあるのだから、組合員を満足させるのは、われわれの使命だし、当たり前」と考えて、意識していなかったという。「経営品質」向上活動を始めてから、「そうじゃない。これは意識しなきゃならない。顧客満足、要するに、生協で言えば『組合員満足』。これは、意識してやるとやらないとでは、全然、違う」と思い始めた。

と同時に、「それは、現場第一線だけが、『組合員満足』のために頑張るというのでは駄目ですよ。組織全体がそうなっていないと、経営の仕組みがそうなってないと駄目ですよ」というのが、いわば「経営品質」向上活動のエッセンスだと気付いた。

そうした視点で考えたときに、今まで「そんなこと当たり前」とか、「そんなの仕方ないでしょう」と考えてきたことに、〝新たな光〟が当たった。

例えば、組合員から寄せられる「お申し出」。「だって、しょうがないでしょうと。極端に言うと、切って捨てるみたいなね。正直、ありました」

「お申し出」を解決することは、当然ながら、組合員の満足度につながる。そして、その「お申し出」が再発しないようにと考えていくことは、システム全体の向上につながっていく。

とにかく「聴こう」「聴きましょう」ということ。組合員の声を聴くということは、現場の職員の声を聴くことに通じる。「声を聴くことを大事にしましょう」「意識してやりましょう」ということを始めたのが、二〇〇〇年からだと竹生専務は語った。

「組合員満足」のために、組合員の声を真摯《しんし》に受け止める〝傾聴〟の姿勢が大事だという気づき。これは、「職員満足度」を上げることとなった気付きと、共通の部分があると思えた。

一人ひとりの心の裡《うち》をしっかりと聴いて、受け止めること。この〝傾聴〟の姿勢が根付いたことが、その後の福井県民生協の躍進を底支えしている。

「併用利用者」はそれまでの「利用高の上限」を超えた利用額になっている

二〇〇三年、三年連続での減収から脱却すべく、敦賀《つるが》地区に第三号店のハーツつるがをオープン。「経営品質」向上活動に取り組み始めて後の、福井県民生協オリジナルの第一号店と位置付け、二〇〇〇年からのこの活動での気付きを生かして、店舗運営に取り組んだ。

しかし、オープン当初は想定来店者数二、〇〇〇人に対し一、〇〇〇人に満たない日もあるなど、大苦戦した。

宅配の利用者である組合員が、店舗にも頻度高く来店していることへの気付きから、宅配のネットワークで来店を呼び掛け、業績が一気に伸びた。もともと組合員組織の絆も強く、このエリアへの出店は初めてということもあり、宅配の職員が店舗のおすすめをすることに、さほど抵抗感はなかったことも功を奏した。

宅配の利用を通じて生協への信頼感を持っているからこそ、店舗に来店した際に、たくさん利用していただける。「併用利用者」という言葉も生まれた。宅配と店舗の両方を利用している組合員を指す言葉だ。

「併用利用者」は、それまでの組合員一世帯当たりの「利用高の上限」という固定観念を超えた利用額になっていることも分かった。宅配は今までどおりにしっかり利用し、宅配が弱い分野の、生鮮品や惣菜などを店で利用しているため、トータルすると、一世帯あたりの利用高が高まるのだ。

全国でも、特に早く「少子高齢化」が進んでいるといわれる福井県。一世帯当たりの利用高は減っても仕方がない、新しい組合員を増やして量的なカバーで拡大していく、という考え方では立ち行かないことへの認識もあった。

突破口になるのは、組合員一世帯での生協の利用をさらに充足させていき、深くお役立ちしていくことではないか。ここに、今後の事業展開のヒントが生まれた。

ハーツつるがの成功体験を水平展開し、組合員に複数の業態で重ねてお役立ちしていこうという「事業ネットワーク」の考え方が誕生。二〇〇四年の方針に、「事業ネットワーク」という言葉が初めて登場する。

〈注解〉

＊1　キッチンサポートコーナー：ハーツ店内のキッチンサポートコーナーでは、旬の食材を中心

に、オリジナルレシピ「はあとめにゅー」を提案。栄養バランスを考えた、手軽でおいしいレシピで、家庭の食事づくりをサポートしている。

＊2 CMRシステム：顧客によるリレーションシップ管理（Custamer Managed Relationships）システム。企業が顧客との関係性（リレーションシップ）を重視した経営を行うに当たり、顧客側に自社との関係のあり方（コンタクトの方法・タイミング・頻度、内容など）を設定・管理する権限を委譲することで顧客の信頼を得て、カスタマー・ロイヤルティを高めようとする経営コンセプト。福井県民生協では、「統合組合員データベースシステム」によって、組合員との関係性を管理する経営を行っている。

＊3 日本経営品質賞：日本の企業が国際的に競争力のある経営構造に質的転換を図るため、顧客視点から経営全体を運営し、自己革新を通じて、新しい価値を創出し続けることのできる「卓越した経営の仕組み」をもつ企業の表彰を目的として、㈶日本生産性本部が一九九五年一二月に創設した表彰制度で、これまで一四年間に一七一社が申請し、二六社が受賞している。

＊4 衛生要因：会社の方針、作業条件、人間関係、給料、雇用の安定など、それが充実していなければ不満足を助長する要因。

＊5 動機付け要因：仕事の達成感、責任の増大、やりがいのある仕事、自己の成長など、それが充実していれば、仕事に対する積極性や興味が高まる要因。

＊5　ＥＳ（従業員満足）なくしてＣＳ（顧客満足）なし：顧客満足（Custamer Satisfaction　ＣＳ）を得られるようなサービスを提供するためには、従業員自身が意欲ややりがいをもって（従業員満足。Employee Satisfaction　ＥＳ）サービスを実践することが不可欠だということ。

第2章

ハーツつるが発進！

京は遠ても十八里

ハーツつるがの売場には、若狭《わかさ》名産の鯖《さば》の〝へしこ〟が並べられていた。福井県以外では、馴染みの薄い郷土食の〝へしこ〟を目にすると、「ああ、福井に来たんだな」という思いがじわじわとこみ上げてくる。

〝へしこ〟は、魚を糠《ぬか》に漬け込んだ、越冬のための保存食で、海産物に恵まれ、なおかつ冬場の気候が厳しい、若狭地方ならではの伝統食だ。漬け込む魚は、鯖が一般的だが、いわしやふぐなどで作られることもあるらしい。

知らない人にとっては、〝へしこ〟という言葉自体耳慣れないが、この地方の漁師が、魚を樽《たる》の中に漬け込むことを「へし込む」と言ったことからこの名が生まれたとか、魚を漬けたときに染み出す水分のことを「ひしお」と言ったのが訛った、などの説があるようだ。

ともあれ、火であぶった鯖の〝へしこ〟はかなり塩気が強いが、これをお茶漬けにすると絶品で、福井土産の定番と言うグルメも多い。

かつて、北前船《きたまえぶね》の寄港地だった敦賀《つるが》は、古代から日本海海運の拠点として栄え、近畿圏へと新鮮な海の幸を届ける玄関口でもあった。それで、「京は遠ても十八里」などという言葉が、人口に膾炙《かいしゃ》することになったのだろう。

京へと通じる、いわゆる〝鯖街道〟の基点となっているのもこの町なのだが、福井県民生協の挑戦も、この敦賀から、新たな一歩を踏み出すことになる。

「買いたいものがある」「三〇代組合員」をキーワードにハーツつるがが誕生

三年連続での減収から脱却すべく、福井県民生協は二〇〇三年、それまで店舗のなかった敦賀《つるが》地区にハーツつるがの出店を決めた。

一九九六年に出店した一号店のハーツ羽水《うすい》、九七年オープンのハーツさばえに次ぐ、三号店である。供給高が一九九九年の一七〇億円から、二〇〇二年には二〇億円減少し、一五〇億円になるという大変な事業危機の中、起死回生を期して出店準備が進められた。

店づくりのキーワードになったのは、「買いたいものがある」と「三〇代組合員」の二つ。そこには、「経営品質」向上活動に取り組む中での気付きが込められていた。

当時の福井県民生協は、組合員の構成比が五〇代、六〇代に大きく偏り、三〇代の組合員構成比は五パーセントと、きわめて低い水準にとどまっていた。このままの構成比で推移すれば、一〇年後、二〇年後には、事業そのものが成り立たないという危機感が広がり、子育て世代である二〇代、三〇代に支持されるために何ができるのか、何をすべきなのかが大きな課題として浮かび上がっていた。

減収の原因は宅配事業の供給が落ち続けていたこと

福井県民生協の根幹を揺るがしかねない事業危機。組合員の利用実態の把握を進める中で、組合員の声を聞く大切さに気付いていた。

「減収の原因が分からなかったというのが、わたしたちが一番悩んだことです」と、藤《ふじ》川武夫《かわたけお》理事長は語る。実は原因は、宅配事業の供給が落ち続けていたことだったのだ。理事会で三〇代の組合員理事から「今の生協の注文書には、わたしたちの買いたいものがない」という声が出されるほど、組合員の欲しいものと、実際に提供していたものに乖《かい》離《り》があったのだ。

なぜ、宅配事業の利用が減っているのか。幹部から出た意見は「コープ商品の価格が高いから」「野菜の鮮度が悪いから」など、組合員から日ごろ多く寄せられる苦情を、そのまま繰り返す言葉だった。

「揚げ句の果てに、幹部職員から出たのは『デフレだから一般の小売業も減っている。全国的にも厳しい状況だ。生協だけが伸びる訳がない』という声。自分たちは頑張っているけれど、うまくいかない原因は外部要因だ。論議の結論がそういう方向になっていた」

報告書から、商品や時間を特定する〝具体的な情報〟が抜け落ちていた

さまざまな調査を行う一方で、藤川さんは毎週、宅配の所属長が提出する報告書に目を通し、読み込んでいった。現場で〝何が起きているのか〟の実態を把握するのが目的だったが、そこで、思いもよらぬ気付きが生まれた。

「エリアが違うにもかかわらず、書いてある報告書の内容、職場会議の内容がほとんど同じなんです。『コープ商品が高い』『野菜が傷んでいる』『アイスクリームが溶けている』。こんなことは現実としてありえない。おかしい。なぜこんな不思議なことが起こるのか。組合員さんがほんとうにこう言っているのかを確かめました」と、藤川理事長は話した。

実際の組合員は、「どのコープ商品が、どこのメーカーのものと比べてどれだけ高い」「何曜日に配達されたホウレンソウの鮮度が、どのように悪かった」「何曜日の何時に配達されたアイスクリームが溶けていた」という具体的な内容を話している。

報告書に記載される時点で、商品や時間を特定する〝具体的な情報〟が、抜け落ちていたということが分かった。

組合員をマスとしてではなく、違った暮らし方をする個人と捉える

「組合員の声を聞くといいながら、聞くことで、むしろ組合員の不満を高めるような聞き方しかできていなかった」と、藤川理事長はなおも続ける。

具体的な声が「コープ商品が高い」「野菜が傷んでいる」「アイスクリームが溶けている」などの一般的な苦情に形を変えて本部に届く。そして、よくある苦情として処理される。これでは、組合員の満足度が下がっても仕方がないだろう。

組合員の〝生の声〟に含まれた情報をつかむために、報告書には、組合員から聞いた言葉をそのまま書かせることにした。理事長、専務理事が職場会議に参加し、その日に寄せ

られた組合員の声を、担当の職員から直接ヒヤリングすることも行った。

〝誰が〟〝いつ〟〝どこで〟〝どういう〟問題を感じているのか。組合員をマスとして捉えるのではなく、一人ひとり違った暮らし方をする個人として捉える目が生まれたのだ。

総代を定点観測して満足を確認するまでが「声を聴く」こと

組合員一人ひとりの声をつかめと、言葉で言うのは簡単だが、それを行動に移すためにできることは何かあるのか。福井県民生協約一二万人の組合員に、一人ひとり聞いて回るわけにはいかない。アンケートでは、具体的な情報が抜け落ちてしまう。

生協では、組合員の代表として選ばれた総代が、地域の組合員の声を伝える役割を持っている。福井県民生協でも同じだ。しかし、その総代の人数も約五百人。具体的な声を集約するのは、膨大な作業になる。

実行可能なことは何か。その発想から、ある特定のエリアに限定し、そこに暮らす総代三〇～五〇名の定点観測を始めた。定点観測されている総代には、自分が定点観測の対象者であることは知らされていない。いつも通りの行動をしてもらうためだ。

対象となる総代の声を宅配の担当者が徹底的に聞き、その〝生の声〟を商品部や運営部に伝え、二つの部ではその声に基づいて、どういう行動を起こすかを担当者に伝える。声（意見や要望）を出した総代に「いつからこう変わります」ということを担当者が伝え、その結果、満足してもらえたかどうかも確認し、その結果を商品部や運営部に伝える。
ここまでの一連のプロセスを、「声を聴く」と捉えた。

「店長に言っておきます」では答えにならない

「それまでのわたしたちの組合員対応というのは、『こういう商品が欲しい』と言われたときに、『商品部に言っておきます』『コープ北陸事業連合に言っておきます』だった。お店への要望であれば『店長に言っておきます』と。せいぜい気が利いた返事でも『惣菜売り場のチーフに言っておきます』でしょうか。これで、組合員さんの『声を聴いた』と認識していた。実は、こんなのは、組合員の声を聴いたうちには全く入らない」と藤川理事長。

声を聞いて聞きっぱなしにするのは、声を聴いたこととはいえない。声を実現し、あるいは問題を解決し、それがリピートの利用につながっていく。そこまでやれて、はじめて「声を聴いた」といえるのだと藤川理事長は語る。

「組合員さんから『豆腐が欲しい』という声が出されたときに、その方がどういう豆腐を欲しがっているのかを考える。例えば、〝有機大豆を使った〟〝何グラムのもの〟が欲しい、パックの形はこんなで、と具体的なイメージがある。それを聴かないで、『店長に言っておきます』では答えにならない」と。

組合員が、自らのくらしをより快適にすることを願って生協に寄せる声。そこには、〝具体的な情報〟が含まれている。しかし、その情報を詳しく語ってくれるとは限らない。対応した担当者が自ら質問を工夫し、その情報を聞き出すことが必要なのだ。

「声を実現する」と捉え直して新しい〝プロセス〟を発見した

組合員の「声を聴く」ことには、いくつかの〝プロセス〟があると藤川理事長は力説する。現場での〝プロセス〟、現場と支援する本部との連携の〝プロセス〟、実際に組合員にとってどうだったかを検証する〝プロセス〟、こうしたいくつかの〝プロセス〟があってはじめて、組合員の「声を聴く」という〝プロセス〟が成り立っていくと。

先ほどの豆腐の例であれば、組合員から聞き出した豆腐の明確なイメージを、商品部なり店長なりに伝えることが、一つめの〝プロセス〟だ。ここでは、組合員と現場の担当のコミュニケーションが必要になる。

二つめの〝プロセス〟になるのは、どういう豆腐を入れたのか、いつ、その豆腐が入るのかを組合員に伝え、「いちど買いにきてください」とお声掛けすること。せっかくその人の声を実現するために品揃《そろ》えしても、品揃えされたという情報が本人に伝わらなければ、その声が実現しなかったのと何も変わらない。

現場の担当者の返す声をバックアップする本部と、現場のコミュニケーションが問われる場面だ。

〝プロセス〟はさらに続く。現場の担当者が組合員に「買っていただけたでしょうか？」と確認を行うことが、チェック機能になる。その組合員が実際に購買行動を起こしていないならば、何かそこに齟齬《そご》があるはずだ。

買ってもらえていないなら、「なぜ、買っていただけないのでしょうか？」と質問して、具体的な情報を集め、商品部なり、店長なりにフィードバックしていく。購入していた場合にも、「お味はいかがでしたでしょうか？」「大きさは良かったでしょうか？」「また、買っていただけますでしょうか?」などの具体的な質問で、満足度を測っていく。不満があるようであれば、具体的に聞き出し、商品部や店長にフィードバックしていく。

「声を聴く」ことを「声を実現する」と捉え直したことが、実現を可能にする〝プロセス〟の発見につながったのだ。

一人ひとりの組合員の満足が生協の事業を発展させる要《かなめ》

「声が実現される、解決されるというのは、実際に食べていただき、おいしかったと言われること。もちろん、『まずかった』という声もあるわけですから。リピート購入されて、しっかりとご利用につながっていく。こういう結果になったときにはじめて、組合員の『声が実現された』というんですよ」と、藤川理事長は言う。

「組合員にも聞きたいタイミングがある。今日、返さなきゃならないのか、一週間後なのか、一か月後なのか。タイミングを五分でも逃せば対応になっていない」とも。

「そういう検証を実際にやっていく中で、組合員の声というのは、『みんな一人ひとり違う』ということに気付いていきました。その声の一つひとつを実現する〝プロセス〟ができていくと、その組合員のご利用は百パーセント、全員上がります。対応にバラツキがあると、ほとんど動かない」と藤川理事長。

組合員にとってみれば、自分の「買いたいもの」が品揃《ぞろ》えされているのだから、利用するのは当たり前だとも言える。無理に買うわけではない。「買いたいもの」があるから買うだけのことだ。

限定されたエリアの、限定された人数を対象とした活動ではあったが、徹底的に声を聞き、声を実現する一連の〝プロセス〟を通じて、組合員の満足度を高めていくことが、供給高を増やすことにつながることが分かった。一人ひとりの組合員の満足が、生協の事業を発展させる要《かなめ》だということ。そこに、事態を改善させる確実な手応えをつかんだ。

小さく限定した部分で実験的に試行し、そこでのトライアル・アンド・エラーを経て、検証された成果を全体に広げていく。全体に広げていく中で新たに検証された成果を、再び全体にフィードバックして精度を上げていく。このやり方は、福井県民生協の取り組みの随所に見受けられる。最小限の資源投資で、最大限の効果を生む、科学的な手法だ。

試行錯誤を経て、現実から学ぶことで、目の前の組合員一人ひとりを大切にすることをあらためて認識した。この学びは、福井県民生協の事業全てに波及していく。

ハーツつるがを
福井県民生協オリジナルの第一号店と位置付け

「経営品質」向上活動に取り組んで以降、〝初めての出店となる〟ハーツつるがを、福井県民生協オリジナルの第一号店と位置付け、準備が進められた。

新店舗建設プロジェクトの責任者を任されたのは、当時の第三地区本部長だった中川政弘《なかがわまさひろ》さん（現・事業ネットワーク商品事業本部執行役員）。福井県民生協らしいお店とは何か、に頭を悩ませる中で、「地域ネットワーク」「子育て支援」というキーワードが浮上してきたという。宅配事業では二〇〇二年に、妊娠中や乳幼児を持つ組合員を対象に、宅配手数料を無料にする「すくすくたんぽぽ便」をはじめていた。

「そういえば、理事長もそんなこと言ってたな、と。『生協らしいお店』と考えたときに、コープ商品の品揃《ぞろ》えとかはもちろんなんですが、生協は〝組合員のため〟にある、それは、イコール〝地域のため〟ということ。地域の諸団体と一緒にやっていけないだろうか」と、考えたという。

地域を知るNPO法人と新店舗でコラボレーション

地域のことは、地域の組合員が一番よく知っている、ということで、当時のブロック委員で、現在は組織支援スタッフをつとめる武井邦子《たけいくにこ》さんに相談。紹介されたのが、地域の子育てサークルとしてスタートし、幼稚園にあがる前の二〜三歳児の保育事業で定評のあったNPO法人「子育てサポートセンター　きらきらくらぶ」と、地域の子どもと大人の心と身体の健康づくりをモットーにダンス教室を行い、NPO法人化を目指していた「ジェリービーンズ」だった。

「きらきらくらぶ」の代表、林恵子《はやしけいこ》さんは、「わたしたちは小さい組織なので、生協さんから『対等でやりましょう』と言ってもらったのが、とてもありがたかった」と言う。

「ジェリービーンズ」の代表をつとめる南美津子《みなみみつこ》さんは、「生協さんに声を掛けてもらったときは、『本当にいいんですか！』って。実績もないのに、わたしたちの思い、〝こういうことをやりたい〟という気持ちを理解してもらったときは、本当に嬉《うれ》しかったですね」と、当時を振り返る。

NPO法人を利用する人たちのほうがテナント効果があると確信

子育て支援施設の設計にあたっては、「きらきらくらぶ」とディスカッションを重ね、林さんには先進生協の子育て支援施設の見学にも同行してもらったという。ダンス教室のスペースについては、南さんの要望を聞き、足に負担のかからない床材を選ぶなどの配慮を行った。

施設は福井県民生協が建設し、NPO法人から賃貸料を受け取るという、いわゆるテナント契約だ。

今や、ハーツつるがと切っても切り離せない存在として、地域に定着した二つの施設だが、導入にあたっては反対の声も少なからずあったという。

「店舗をテナントに入れるというのが常識だったところに、NPO法人を入れたいという提案でしたから、賛否両論だったのも当然かなと思います。NPO法人という存在自体が、まだ、今ほど一般的に認知されていませんでしたし、そんなところを入れて経営的に成り立つのか、建物への投資が回収できるのか、とか、いろいろ意見が出ました」と中川さん。

「『きらきらくらぶ』の活動日には、朝から一〇〇組以上の親子が並ぶんです。その姿を見たとき、朝はまだ店が開いてないけど、お迎えのときに絶対に店に寄る。集客力が未知数の店舗をテナントとして呼ぶよりも、NPO法人を利用する人たちは毎日、食事をするわけだから、隣に店があったら〝ついで買い〟をしてくれたり、むしろそっちの方が、テナント効果がある」と心の中で確信していたという。

準備期間から組合員の参画を仕掛ける「特別増資」の取り組み

今まで宅配事業しか利用したことがない組合員に、生協のお店「ハーツ」を自分たちのお店として感じてもらえるように、準備期間からの組合員の参画を意識して仕掛けている。それが、店舗の建設資金を集める「特別増資」だ。

「どこの生協でも同じだと思いますが、〝古株〟の組合員さんほど店を建てることに反対する。それが事実。『わたしたちのときに建っていればよかったのに、今になって、生協、手を広げ過ぎ。経営が安定しなくなったら、どうするの』といった声の出ることが予測できた」と中川さんは言う。

投資総額約七億数千万。〝数千万円〟の足りない分を、敦賀の組合員の増資で補う、という呼び掛けを行うことを決めた。

「異例でしたからね。これも賛否両論。他の地区の組合員理事さんからも冷ややかな目で見られていたんじゃないですか。敦賀は組合員組織との絆が強く、積み立て増資率ももともと高かった。敦賀の組合員は、分かってくれると思っていた」

増資をしてもらうためには、「なぜ、この地域に店が必要なのか」を理解してもらう必要がある。そのために、組合員集会を開いた。当時の有力な組合員の自宅を一軒一軒訪ね歩き、「集会に来てください」とお願いして回った。

その集会は、お店づくりを支える組合員組織「ハーツファンクラブ」に発展した。ハーツファンクラブでは、毎月のように組合員集会を開き、コープ商品の学習会や、お店への要望を集めるアンケート、積み立て増資の呼びかけ、〝八千人〟の仲間づくりなどの活動に、活発に取り組んだ。

ハーツつるがオープンにむけて、組合員と職員が一つになって活動を続けた結果、地域の約一万人が新しく生協に加入して組合員となり、地域の組織率は六〇パーセントとなる。積み立て増資もほぼ目標達成。オープン直前の集会の来場者は一、〇〇〇人に及び、お店づくりに参加した組合員は、延べ一万人を超えた。

オープン直後のにぎわいが去ると来店客数は激減し供給高も割り込んだ

二〇〇三年三月のグランドオープン当日、一日の来店客数は四、三〇〇人。地域の組合員、地域のＮＰＯと一緒になってつくりあげた福井県民生協オリジナルの第一号店として、ハーツつるがの船出は、〝順風満帆〟のように見えた。

しかし、オープン直後のにぎわいが去ると、来店客数は激減。二、〇〇〇人の想定来店客数に対して、四月以降三か月間の平均来店客数は一、六〇〇人。一、〇〇〇人がやっと、という日もあった。供給高も予想を大きく割り込んだ。

「一、〇〇〇人を切っていた日もあった。まさかこんな数字、理事会に出せないから、店を閉めた後に、みんなで一〇円のものを買って、レジに並べって。一、〇〇〇人になるまでレジを通らせて……」

今だから言える話だと、中川さんは笑う。

もう、本部の言うことは聞くな！現場で回してほしい

地域の組合員の期待を担ってオープンしたはずの、ハーツつるがの予想外の大苦戦。原因は何なのか。組合員の期待に応えきれていないのか。手探りの日々が続いた。

「商品部、運営部が必死になって対応しようと、商品をかき集めては、毎週毎週、チラシを出していく。それで、来店客数が増えるのならいいのですが、コストだけが増えていく。組合員との思いのズレがさらに広がって、売上がさらに落ちていく、わたしどもが陥ったのは、そういった事態でした」と藤川理事長は振り返る。

二、三〇〇人以上の組合員にアンケートをとり、地域の組合員の具体的な声が売場づくりに入っているという自負があった。しかし、声を聞いたつもり、声を実現したつもりが、実際には十分に反映されていないというギャップ。それが明らかになったのだ。組合員の声を十分に聞き切れていなかったということだ。

典型的な例が畜産売場だった。「買いたいものがない」というクレームが殺到したのだ。敦賀というエリアは食文化が関西圏で、肉といえば牛肉が八〇〜九〇パーセント、とい

う牛肉文化。地域の食文化に合った売場構成が求められていた。

ところが、福井県民生協の本部は福井県の北の福井市にあり、食文化は関東圏。牛肉よりも豚肉、鶏肉の消費量が多い。そのため福井県民生協では、それぞれ三分の一ずつで構成された売場が組合員のニーズに合致した、スタンダードと考えられてきた。

関西文化エリアである敦賀地域への初めての出店。組合員のアンケートには、「牛肉売場を八割以上にしてほしい」という声がはっきりと出されていた。しかし、オープン当時の売場は、牛肉、豚肉、鶏肉がそれぞれ三分の一ずつ。組合員から見たら、わたしたちの要望が生かされていない売場、という受け止めになっても仕方がない。

「アンケートではっきりと出ているにもかかわらず、最終的に現場で確認したときに、『この店は福井県民生協の第一号店のつもりでやる店だ。福井県民生協の精肉売場のスタンダードは牛肉、豚肉、鶏肉が三分の一ずつ。だから、この店は三分の一ずつの売場にする』という提案に、わたしも専務も同意しました。理事会の皆さんも承認。それでスタートした結果が、組合員の声に応えられていない売場になった」と藤川理事長は言う。

「このことが分かった瞬間に、『もう本部の言うことは聞くな！　組合員の言うことだけ聞け』といって売場づくりをしました」

無意識のレベルにしっかり刷り込まれた思い込みは、考えて変えられるものではなく、現場での日々の気づきからしか変えていけない。それまでの本部主導のマネジメントを、現場主導のマネジメントへと大きく舵《かじ》を切ることになったのも、ハーツつるがのピンチがきっかけである。

パート職員の声を聞いたときありえないと思った

〝V字回復〟への突破口になったのは、一人のパート職員の声だった。

「お客さんが少ないって言いますけど、今、来てくれている人は、共同購入（宅配）の組合員さん。ヘビーユーザーの人たちです」

藤川理事長も竹生正人《たこうまさと》専務も、最初に聞いたときは「ありえないと思った」と、口を揃《そろ》える。「宅配のヘビーユーザーは、店舗の利用は少ない」というのが定説だったからだ。

組合員の声、現場の声に耳を傾けることを大切にしてきた二〇〇〇年からの活動が、ここで生きた。経営を知らないパート職員の声として、聞き流してしまうこともできたはずだ。が、組合員の声、現場の声を大切な情報として位置付け、感度を磨いてきたことで、何気ない一言を聞き逃さず、しっかりキャッチできたのだろう。

組合員は生協の事業を分けて考えてはいないという気づきから組合員に対する認識が変わった

ほんとうに宅配のヘビーユーザーが、店舗でたくさん買い物をしているのか？　その検証作業が行われた。店舗のデータと宅配のデータの、突き合わせを行ったのだ。店舗は店舗のデータ、宅配は宅配のデータとして管理されていたため、すべてが手作業。

その膨大な作業が終わったときに、三割の組合員によって、店舗の六～七割の売上が構成されていることが明らかになった。その三割の組合員は、宅配のヘビーユーザーと重なっていた。

藤川理事長はこう語る。

「これは小売りの常識では考えられないこと。宅配をたくさん利用される方は、店舗の利用は少ないはず。財布は一つですから、それが当然と思っていました。ところが違う。組合員は生協の事業を分けて考えてはいない。自分のくらしに役立つなら、宅配でたくさん買われると同時に、店舗でもたくさん買われる。

わたしたちは、宅配は宅配の〝窓〟から、店舗は店舗の〝窓〟から、ＣＯ・ＯＰ共済は

ＣＯ・ＯＰ共済の〝窓〟からそれぞれ組合員を見ていた。でも、組合員は決してそういう見方はしない。くらしという〝窓〟から見て、うまく取り込めるものなら何でも取り込む。わたしたちの常識、ましてや本部の常識を組合員に向けると、全く違うということを痛感しました。生協の事業が、ほんとうに組合員に利用しやすいように提案されているか、この取り組みを通して、もう一度、学ぶことになった」

この学びによって、生協に対する認識、組合員に対する認識が本質的に変わったという。そしてその気付きが、五つの事業の利用状況をリアルタイムで把握できる組合員データベース「ＣＲＭ（カスタマー・リレーションシップ・マネジメント）」の仕組みづくりや、利用額に応じて還元率を高くする「ステップアップ還元制度」の導入につながり、福井県民生協の供給事業を支えていく。

宅配の組合員には生協に対する強い信頼感がある

宅配の組合員には、生協に対する強い信頼感がある。それは、生協のかけがえのないインフラだ。そのインフラを最大限に活用することが、店舗の危機を救うことになる。

組合員宅を一軒一軒訪ね歩き、「なぜ、来店していただけるのですか？」「なぜ、来店していただけないのですか？」と質問し、来店のない組合員には、「どういう対応をしたら来店してもらえるでしょうか？」と聞いてまわったのは、なんと宅配の担当者たちだ。

宅配の担当者が組合員の声を拾い上げてそれを店舗に伝え、組合員のニーズに寄り添った改善に努めていくことで、確実に来店者が増えはじめた。

生協に対する信頼をベースに、宅配の組合員に来店を呼び掛けることも行った。

「宅配のカタログと一緒にハーツのチラシも自分たちで折り込んで、今週、ハーツは〝それ〟、だけど、宅配は〝これ〟がおすすめよ、ということで両方のおすすめをしていくことを徹底しました」と中川さんは振り返った。

宅配の担当者が来店を呼び掛けるのは当たり前になっている

中川さんには、来店促進だけではない、もう一つの思いがあった。

「『組合員にとって、何が〝旬〟なのかを考えなさい』と、職員によく言ってたんですが、話題になることって、ズバリ『ハーツつるができたよね！』ということだったんです。それについて答えられない職員って、どうなんですか、ということでしょ。一号店、二号店が出店したときに、組合員は宅配の担当者に一生懸命、『店のあの商品が』という話をしているのに、宅配の職員は『僕の仕事じゃないので』という対応しかできない。それっておかしいなと、ずっと思っていた」

店長が毎週、宅配の職場会議に参加し、来週はこういう商品を訴えてほしいと伝えていった。それに応えて、宅配の職員が組合員に「おすすめ」を行う。

宅配の担当者が来店を呼び掛ける活動は、ハーツつるがの大ピンチをきっかけに始まり、今や福井県民生協では当たり前になっている。

"V字回復"への軌跡が「ネットワーク構想」のモデルに

もちろん、組合員組織も協力し、コープ商品の試食会、組合員の声に基づく売場改善などに取り組み、店舗利用の呼び掛けを積極的に行った。

七月には、出店直後の駐車場の混雑を避けてオープンをずらした、子育て支援施設「きらきらくらぶ」、ダンス教室「ジェリービーンズ」が活動をスタートさせた。子どもを送り迎えする親が、その前後に買い物をする姿が目立ち始めた。

来店客数は徐々に回復。一二月には、平均来店者数が二、〇〇〇人を超えた。現場の声を聞き、組合員をしっかり見つめることで、最大の危機から脱出できたのだ。

この〝V字回復〟への軌跡が、翌年度に発表される「ネットワーク戦略」構想のモデルとなった。

「専務に呼ばれ、来年の方針をつくるにあたって、敦賀のことを聞かせてほしいと言われたので、わたしは一気に話しましたが、すぐにそれが方針になったのですから、『これはすごい！』と思いましたね」と中川さん。

藤川理事長をして、『傾聴の姿勢にかけては、右に出る者はいない』と言わしめた、竹生専務の人柄をしのばせるエピソードだ。

組合員と同じ釜の飯を食べる仲間づくりの中から絆が生まれた

福井県民生協の事業戦略の基礎となる「事業ネットワーク」。その実行は、宅配事業と店舗事業のスムーズな連携なしには考えられない。原点ともなった敦賀で、宅配と店舗との協力関係は、どのように形づくられていったのだろうか。

「きっかけは、責任者会議を合同にしたこと。『宅配は宅配の所属長、店舗は店長でやります』という流れを、敦賀の配送センターとハーツつるがは場所も近いですから、一緒にやりなさいと。

どっちにとっても利点を生かそうぜ、というようなことを毎週、話をさせた。その中で、相互理解が非常に進んだなと思います」と中川さん。

宅配の職員が、店の「おすすめ」をするのは当たり前、という考え方は、スムーズに浸透したという。地域に初めての店舗ということもあり、そういうものだと受け止められたのだ。

逆に、店舗の職員には、店舗と宅配は別という意識があった。オープン前の仲間づくりも、宅配の職員がやるものと思い込んでいるフシがあった。そこで中川さんは決断する。

「オープン準備で忙しいから、と全然参加しない。そんなばかげた話はないぞ、ということで、全員参加型に切り替えました」

仲間づくりのために地域を回る職員を応援しようと、組合員の有志による〝炊き出し〟が、毎日のように行われた。組合員との接点の少なかった店舗の職員にとって、自分たちが働くことになる店のために、一生懸命〝炊き出し〟をしてくれる組合員との触れ合いは、新しい体験だったに違いない。そして、同じ釜の飯を食べ、一緒に仲間づくりを行う中で、少しずつ絆が生まれていった。

宅配の支所内が当たり前だった地区本部をあえて店舗に置く

「自分は宅配経験者だから、宅配のことは分かるけれど、店舗のことを知らない。日常的に得た店舗での気付きを、宅配にもっていって、宅配のことはよく分かるから、店舗にもっていく。そういうコントロールをするために、宅配の支所内にあった地区本部室を、ハーツつるがのオープンと同時に移動させた」と中川さんは語る。

「店の倉庫みたいに使っていた場所の、荷物を全部どけさせて、強引に地区本部室にしてしまった。地区本部長は支所にいるのが当たり前だったから、みんな『なんで？』という感じでしたけど」

宅配の支所内にあるのが当たり前だった地区本部を、あえて店舗に置くことで、職員の意識の変化を狙ったのだという。

現在、福井県民生協の地区本部は、本部センターにある第一地区本部を除いて、全て店舗の中に事務所をかまえている。地区本部長が店舗にいることで、宅配事業で培ってきた生協らしさが、自然な形で店舗に移植されていく。それが、組合員の満足につながるとしたら、中川さんの決断はまさに英断といえよう。

店舗に宅配のカタログを置いたら夕方には無くなった

宅配の職員の奮闘によって、店舗への来店組合員が増える。それは生協全体のためにもなり、地域の組合員のためにもなることだ。しかし、宅配の事業という点から見たときにどうなのか。シナジー効果（相乗効果）のメリットはあるのだろうか。

「双方で相乗効果を挙げられるものがあるのか、ということは常に意識していた」と中川さん。宅配にとっての最大のメリットは「利用促進」だと言う。

「仲間づくりが大変だ、人に会えない、と言いますよね。だったら、店に来てくれる人に呼び掛けようと。店だけを利用している組合員がいらっしゃるわけですから」

中川さんが、店舗で宅配の利用を呼び掛けることを思いついたのは、宅配のカタログを店舗のサッカー台に置いてみたことが始まりだった。宅配の存在を知らせることを目的に、サッカー台にカタログを五〇部置いたところ、朝、置いたものが夕方には無くなっている。五〇部のカタログが全て無くなる日が続いた。しかし、それが利用に結びつかない。

「女性の方は、買うことも楽しいけど、見ることも楽しいのかな。だから、通販の雑誌が成り立つのだなと思いました」と中川さん。

「見て楽しい」と思ってくれた人を、どう利用に結びつけるか。黙っていても入ってきてはくれない。コミュニケーションによって、その人にとってのメリットをお知らせすることで、動機付けになる。

宅配の職員が店舗の入口に立って、利用を呼び掛けたところ、一か月に一〇〇人もの宅配利用の申し込みがあった。二〇日間の稼働で平均一日五人。それは今でも変わらないという。

生協の敷居を低くするにはナチュラルに参加・参画できる場をつくるしかない

子育て支援施設、ダンス教室といった、地域の若い世代に支持されるＮＰＯの利用を〝入り口〟にして、隣接する店舗の利用、そして、生協の基幹事業である宅配の利用へと、少しずつ距離を近づけていく。

二〇代、三〇代の子育て層に支持される生協を考えたときに、中川さんが描いた〝青写真〟だった。それがピタリとはまり始めた。

「生協って真面目だから、若い世代にああだこうだ言ってもひくでしょ。歩き回ってお願いして、というのは、五〇代以上のヘビーユーザーの方の心に届くやり方。世代層別の対応が必要だと思ったんです」と中川さんは言う。

「僕らは中にいるからよく分からないけど、外から見たら、生協のイメージは『価格が高い』なんですよ」

もともと敦賀出身の中川さんは、地元に知り合いも多い。実際に、生協のどういうところが高いのかを尋ねみたところ、「よく分からない」「何だか高そうなイメージがする」という答えしか返ってこなかった。「生協って（特別な）〝組織〟でしょう」という声もあった。

「つまり、生協は敷居が高いんだと思った。この敷居を低くするには、まずは組合員がナチュラルに参加・参画できる場をつくるしかない。それはすごく意識していました」

地域に根差したNPOの活動を身近に感じ続けて学んだ〝ナチュラル感〟

中川さんがそう思い始めたのは、ハーツつるがの建設準備期間。敷地内に施設を建て、テナントとして入居してもらった二つのNPO法人「きらきらくらぶ」と「ジェリービーンズ」の活動を目にしてからだという。

「きらきらくらぶ」と「ジェリービーンズ」の活動に、若いお母さんたちが興味をもち、わが子を参加させようと集まってくるのを見て、子育て層をメインターゲットに店舗運営を考えるならば、この感覚が絶対に必要だと思ったという。

「この数年で、敦賀のような〝ナチュラル感〟が全体に広がった」と中川さんは語る。中川さんの言う〝ナチュラル感〟とは、組合員のニーズを日常の会話の中で自然に拾い上げ、形にしていくようなイメージらしい。理屈を先行させるのではなく、組合員が本当に望んでいることを、どう形にできるかを考えていく。

〝ナチュラル感〟は、そうした取り組みのことであり、その取り組みを可能にするマインドのことでもある。

〝感覚〟は理屈では学べない。地域に根差したＮＰＯの活動を身近に感じ続けることで、はじめて学べた何かがあったのではないだろうか。

一～二歳児とその親を対象にプレイルームをスタートさせた

「きらきらくらぶ」代表の林さんが子育てサークルを始めたのは、自分自身が子育てに悩んだ経験からだ。それまで保育士として働いていた林さんは、公園に子どもを連れていってもしっくりこない、幼稚園では子どもが評価され、それが自分の評価になるように思ってしまう。この年代の子どもたちに合う遊びを提供する場はないのかな、と疑問を抱いた。保育者としてではなく、母としての勉強をしてみようと思い立ち、講習を受けた。

「自分と同じように、自分の子どもを評価されて悶々《もんもん》としているお母さんとか、遊ばせる場所がなくて困っているお母さんがいるのではないか」という思いで、ショッピングセンターの一角で、一～二歳児とその親を対象にプレイルームをスタートさせた。

「最初は一二～一三人ぐらいで、親子が対象。『子どもだけでもできませんか？』とお母さんたちに言われて、三歳児対象で始めた。『うちの子二歳なんですけど、お願いしたい』

と言われて、二歳児もするようになって。

やっていること全てが、わたしたちがこれをやろうではなく、保護者さんから、こういうのがあったらいいな、こんなことができないかな、こんなことのお手伝いをしてほしい、ということが形になっている。すべてそういう感じ」と、林さんはほほ笑む。

お母さんたちのニーズから、地域の健康を支える団体に発展――ジェリービーンズ

「ジェリービーンズ」代表の南さんが、ダンス教室のサークルを始めたのも、地域のお母さんたちの要望からだ。

「敦賀のお母さん方から、敦賀にはダンスをするところがなくて、するとしたらバレエ教室ぐらい。バレエは基礎レッスンが厳しいですよね。もっと楽しくできるものはないかということで、声を掛けていただいて」と南さんは言う。

エアロビクスのインストラクターをしていた南さんは、子どもを教えた経験はなく、横浜まで講習を受けにいき、資格を取ったという。

「最初は夏休みの三回コース。手書きのチラシとか配って。それでも続けたい子たちを

集めて、体育館で楽しく、二五人ぐらいから始めて、だんだん、だんだん、もうちょっと、もうちょっとって……」

会員は現在四二〇名。大人が二〇二名、キッズが二二八名、中高生が四三名。レッスンに通うのは、最年少は四歳から最高齢は七〇代までと幅広い層のニーズに応えている。レッスンはキッズから高校生が一八クラス。土曜日はスタジオだけでは足りないので、体育館を借りている。大人のレッスンは週に二三～二四コマのレッスンをスタジオで。高齢者向けには、骨の体操として、寝ながら行う体操プログラムを実施している。

地域のお母さんたちのニーズからスタートし、今や、子どもから高齢者まで幅広く、地域の健康を支える団体に発展してきた。

「どうやったら喜んでもらえるのか」なら アイデアも浮かびやすい

地域の人が喜ぶこと、地域の人に求められることを、自分たちのできる範囲で着実に行っていく。これが、地域に〝根差す〟ということではないか。

二つのＮＰＯ法人の活動からヒントを得て、「ハーツつるが」では、地域の人が自然とお店に足を運びたくなくなる仕掛けづくりを意識して、展開していった。

例えば、「きらきらくらぶ」に通う子どもたちが描いた絵や工作を、店内に飾るのもそのひとつだ。

ひな祭り、子どもの日、七夕など季節の行事に合わせた作品が、店内に生協らしい温かさを醸し出す。そして何より、その作品を見るために、両親や祖父母がハーツに足を運ぶ。

七五三に、衣装を貸し出して写真撮影を行う企画も人気だ。

「ジェリービーンズ」の南さんは、「うちのお嫁さんは、生協にあんまり興味がなかったんやけど、七五三の時は子どもの写真を撮ってもらって喜んでね」と話す。

無理に勧めるのではなく、興味のある企画をきっかけに来店してもらい、少しずつファンになってもらう。

「どうやったらお店に来てもらえるのか」を考えると、特売を打ったり、チラシを入れたりという発想から広がりにくい。しかし、「どうやったら喜んでもらえるのか」であれば、アイデアも浮かびやすい。自分自身が地域に暮らすパート職員であればなおさらかもしれない。

喜ばれることをすれば、「ありがとう」と声を掛けられ、それがモチベーションにもつながる。

食に関心をもって利用してもらえるようなお店をつくりたい――組合員サポーター

無理に勧めるのではなく、興味のある企画をきっかけに来店してもらい、少しずつファンになってもらう。あるいは、商品に興味をもっていただき、ご利用いただく。

組合員がナチュラルに参加できる場を用意し、組合員の参加・参画の裾野を広げていく。その役割を担っているのが、組合員サポーターだ。

ハーツつるがのオープンと同時に、福井県民生協初の組合員サポーターとなり、現在は組織支援スタッフをつとめる前出の武井邦子《たけいくにこ》さんは、地域活動で培ったつながりを生かして、さまざまな提案を行った。

例えば、「キッチンサポートコーナー」の設置。試食であれば気軽に参加できる。紹介されたレシピを持ち帰って、実際にそこで紹介された商品を使ってみることも、立派な活動参加の一つだ。

キッチンサポーターのメンバーも彼女がスカウトした。

「このお店をどんなお店にしようかと話し合ったときに、子育て層の人に来てもらえる、若い世代の人に、食に関心をもって利用してもらえるようなお店をつくりたい、という思いが強くありました。そのために、組合員として何ができるかということを考えたときに、食の提案をすることはすごく大事だし、ここから始めたいと思った」と武井さん。

「最初は、手探りで始めたんです。店のチラシと連動して、今日はこんな献立でと、手書きでレシピをつくって。レシピも知り合いの組合員さんの中から栄養士の資格をもっている人にお願いして。仕事としてやってもらうという形よりも、組合員としてキッチンサポートコーナーに携わってもらうところからスタートしました」

キッチンサポートコーナーも横展開され、今では福井県民生協のほとんどの店舗に設置されており、統一のレシピで取り組まれている。

〝やらされ感〟がない部活的な感じのお付き合い

店舗事業委員会、宅配事業委員会の委員会活動のサポートも、組合員サポーターの役割の一つだ。

理事の西野洋子《にしのようこ》さんは「武井さんはいつも、組合員視点なんですよ。生協の職員さんに、とっても必要なことだと思います」と語る。

「組合員活動をみんな楽しんでやっているところが、盛り上がってやっていられることかな。地区委員会は、お固い話もあるんですけど、〝やらされ感〟がない。そういうのが全くないんです。結構、部活的な感じのお付き合いですよね」と西野さん。お願いされてやっているという感じは、全くないというのだ。

店舗の事業委員会では、委員会のメンバーがおすすめの商品へのコメントを寄せて、売場にポップとして張り出すなどの取り組みも行っている。

宅配の事業委員会では、毎年二回、職員との交流会を行っている。

「試食会を兼ねて、支所で行います。この前の交流会では、職員の人に生協で配達していてよかったこと、困ったことを一人ずつ言ってもらったんです」と西野さんは話した。

ある職員の言葉に、胸が熱くなったと西野さんは言う。新しく異動してきた職員から、

「自分の仕事は今までずっと配送すること、荷物を届けることだと思っていた。敦賀にきて、配達していて『ありがとう、おいしかったよ』と組合員から声を掛けられて、自分の仕事は商品を配達するその先にあるのかなと思った」という発言があったのだ。

「わたしなりに考えて、それは家族の笑顔とか、子どもさんの喜ぶ顔とか、そういうことなのかな」と西野さん。

職員が組合員をエンパワー（自ら取り組みを行うための力を付けること）し、組合員が職員をエンパワーする。こうした循環が生まれ始めている。

キッズキッチンだからできる生協らしい産直の生産者との協力

店舗事業委員会、宅配事業委員会のサポートと併せて、組合員の自主的な活動をサポートするのも武井さんの役割だ。

例えば、コープの会として行われている子ども料理教室「キッズキッチン」は、店舗の中の集会室で行われている。

「キッズキッチンで使う材料を、子どもたちがハーツに買いに行くところからスタートします。お店の中で子どもたちが買い物していると、買い物に来られた方にほのぼのしていただけるんです」と武井さん。

「今日は何をしているの？」と聞かれて、来店した組合員に企画の主旨を説明することもある。

店舗の入り口付近に置いたプランターに、産直の生産者からもらった種をまいて、ナスやトマト、キュウリなどを育て、収穫して料理に使うこともある。生産者に協力してもらい、畑を借りて芋類や玉ねぎなどを子どもたちと一緒に植えて、草取りをし、収穫して料理することもある。

生協のキッズキッチンだからできることを考えていくと、産直の生産者と協力できることが生協らしさだ、と思った。そして、組合員の活動を見えるようにしていくのが自分の仕事だと思っている、と武井さんは言葉を続けた。

「部門の方にも、あらかじめ『今日、子どもたちが買い物をするので、小さいパックを作っておいてください』とお願いしておきます。そうすれば、そういう企画をやっているんだなってわかってもらえるでしょう」

職員と組合員をつなぐ役割として、武井さんを第一号に敦賀で始まった組合員サポーターも、現在では「組織支援スタッフ」と名称を改め、福井県民生協全域に導入されている。

競合店出店の大ピンチに
羽水、さばえでも宅配担当者が地域を回った

ハーツつるがの業績が回復し、順調に供給を伸ばすようになった二〇〇四年、新たな衝

撃が福井県民生協を襲った。

第一号店ハーツ羽水《うすい》、第二号店ハーツさばえの直近八〇〇メートルに、売場面積三倍以上のスーパーセンターの建設が決まったのだ。

「あきらかに生協つぶしです」と藤川理事長。一時はあきらめムードも漂った。しかし、黙ってつぶされるわけにはいかない。できることは何か。

敦賀での成功事例を学び、徹底的にまねをする。ここを突破口にしようという気運が高まった。

競合店オープンの三か月前から、宅配の組合員に話を聞き、店舗にフィードバックしていった。「ハーツの利用を続けていただけますか？」「利用を増やしていただくためには、どういう取り組みが必要でしょうか？」「今、来店のない方に来ていただくためには、どういうことをお願いすればよいでしょうか？」など、組合員一人ひとりに聞いて回ったのは、宅配の担当者たちだ。宅配と店舗との合同職場会議も開いた。

宅配・店舗職員が一緒になってニーズを掘り起こしたら競合店のオープンは打撃にならなかった

「台風のとき、ＮＨＫのニュースでうちの店が映されたことがあります。野菜が品薄で高騰という時期に、白菜一玉一、〇〇〇円、大根一本五〇〇円の値札が付いていた。そんな売り方をしていたのは、福井県でもうちだけですよ。四分の一カットにするとか、考えようはあるでしょう。〝そういう売場をつくって平気〟というのがわたしたちの実態でした」と、藤川理事長は率直に振り返った。

圧倒的な競争力を持つ競合店の出店という、大ピンチをきっかけに、それまでの売場づくりから、組合員の声を実現する売場づくりへと、職員の意識が大きく変化した。敦賀での成功事例に学び、宅配の担当者が店舗のおすすめ商品を紹介する取り組みも行われた。

競合店出店の三か月前から、宅配の職員と店舗の職員が一緒になって地域のニーズを掘り起こしていった結果、競合店のオープンは全く打撃にならなかった。一号店、二号店とも、来店人数は年間を通して一一〇パーセントの伸長、供給高が年間を通して一〇九パーセントの伸長という実績を残すことになった。

現場の担当者をエンパワーすることで組合員をエンパワーする

「組合員満足を一番よく知っているのは現場の担当者」と藤川理事長は語る。

「組合員の声を具体化していったときに、現場の担当者は必ず『そんなん、三年前からおっしゃっていましたよ。今頃、気付いたんですか』と、こう言います。こういう現場の担当者が元気だから、組合員に話をしていける。ここをエンパワーしていくことが、組合員をエンパワーすることであり、生協全体が活性化していく」

組合員の声を聞き、聞いた声を宅配と店舗の〝壁〟を越えて共有化し、声を実現する手段を考えて実行し、その結果を組合員に返していった。「声を聴く」〝プロセス〟を徹底的に推進することで、それぞれの地域のニーズが掘り起こされていったのだ。

宅配事業への信頼感を基盤に、店舗事業とのシナジー効果を発揮するということが、敦賀での成功事例で明らかになった。しかし、敦賀での成功事例がそのまま他の地域で通用するのか。敦賀の成功事例を全体に横展開することが可能なのか。一号店、二号店での取り組みは、そうした疑問を払拭し、成功事例のたしかさを見事に検証する場ともなった。

個人が学び個人ができることとチームが学びチームができることは次元が違う

「学ぶというのは、単にいい事例をまねすることではない。まねするだけでは学んだとはいえない。好事例に学び、それと同等か、それ以上の業績を挙げたときに、はじめて学べたと言える」と藤川理事長は言う。

そして、個人で学ぶことと、チームで学ぶことは違うとも。

「個人なら、頭で理解して、自分自身ができればいい。ところが、これをチームでやろうとするとできない。個人で学んで個人でできることと、その人がチームとして学んで、チームとして業績を挙げることは全く次元が違う。それが分かり、学ぶことの難しさを学んだ」

好事例を学び、自分たちのフィールドで展開していくときに、何をもってそれを検証するのか。業績が上がること、つまり、組合員から利用という形で支持されたということをもって検証とする。学び、展開し、検証するという〝プロセス〟を組織の中に定着させていく。個人ではなく、チームとして学び、展開し、検証する。このマネジメントプロセスをいかに定着させるかが課題として浮かび上がってきた。

そして、ここで浮かび上がった課題は、コールセンターの活用につながっていく。

第3章

共に創り出す組織のありたい姿

アメリカの日本庭園専門誌が第三位に選んだ養浩館庭園

日本庭園は今、世界的に注目される日本の伝統文化の粋とも言えるものだが、アメリカには『数奇屋《すきや》リビング（ジャーナル・オブ・ジャパニーズ・ガーデン）』という日本庭園の専門誌もあり、同誌に掲載された二〇一〇年度の日本庭園を評価するランキングでは、第一位に島根県の足立《あだち》美術館、第二位に京都の桂離宮《かつらりきゅう》（！）、そして、堂々の第三位に福井市の養浩館《ようこうかん》庭園が選ばれている。率直に言えば、養浩館庭園は国の名勝に指定されているとはいえ、むしろ国内での知名度はそれほど高いとは言えず、福井県以外の人には、あまり存在を知られていないのではないだろうか。

養浩館は、維新の大立者《おおだてもの》として活躍した福井藩主、松平春嶽《まつだいらしゅんがく》が明治時代になってから命名したもので、藩政時代は「お泉水《せんすい》屋敷」と呼ばれる、代々藩主の別邸だった。現在の回遊式林泉庭園《かいゆうしきりんせんていえん》が完成したのは元禄《げんろく》時代のことだそうだが、以後その規模は、時代によって拡大と縮小を何度か繰り返してきたという。

そんな由緒ある別邸の建物は、惜しいことに一九四五年七月一九日の「福井空襲」でことごとく焼失してしまったけれども、現在同地には、復元された趣のある数寄屋が建てられており、内部を見学できる座敷から風雅な池水を眺めると、縁の下にまで入り込んだ池《ち》畔《はん》に鯉が群れ集まり、心が洗われるような気持ちがする。そうしたわけで養浩館庭園は、福井を訪れる人にはぜひお薦めしたい、隠れた名園と言えるだろう。

さて、JR福井駅からその養浩館庭園に向かうには、お濠と石垣で囲まれ、現在、福井県庁が建っている福井城址を通り抜けていくことになるのだが、この城を築いたのが、徳《とく》川《がわ》家康《いえやす》の次男、結城《ゆうき》秀康《ひでやす》だった。秀康はのちに松平氏を名乗ることを許され、福井藩の藩祖となった。

もっとも、城下町・福井の礎を築いたのが秀康だったかといえば、これは、それよりさらに四半世紀ほど遡《さかのぼ》って北《きた》の庄《しょう》城を築城した、織田信長《おだのぶなが》の重臣、柴田勝家《しばたかついえ》の名を忘れるわけにはいかないだろう。北の庄城のわずかばかりの遺構は、現在、福井の市街地の繁華な一画に取り残されたように聖域を守る柴田神社の境内で見ることができる。しかし、ここにかつて、ルイス・フロイスがその威容を称え、秀吉《ひでよし》が小早川隆景《こばやかわたかかげ》に送った書簡で「城中に石倉を高く築き、天守が九重」と書き記したような〝壮麗な城〟があったとは、にわかに信じがたい。

挑戦に重要な役割を果たしたのは第一線で元気に働く女性職員たち

　ところで、柴田勝家に嫁《か》した母のお市《いち》の方と共に、娘の江《ごう》が移り住んだと言われるのもこの北の庄城で、今年、大河ドラマ「江～姫たちの戦国～」ブームに沸く福井は、どうやら昔も今も、女性がめっぽう元気な土地柄であったようだ。

　例えば、今回の取材で出会った福井の女性たちの印象を一言でいうならば、その多くが、いわゆる〝負けず嫌い〟だった。一見すると、人当たりはしごくソフトなのだが、その実、取材で話を聞いてみると、信念を持って一つのことをやり抜く、芯《しん》の強さを身のうちに秘めていることが分かってくる。それは、福井県の「女性就労率」や「共働き率」が全国第一位であるという事実などからも、窺《うかが》い知ることができるだろう。

「共働き率」が高いというからには、福井県は、女性と男性が一緒になって仕事に取り組む、「男女共同参画社会」の急先鋒《せんぽう》とも言えるのではないだろうか。

　もとより、福井県民生協が始めた挑戦で重要な役割を果たしたのも、同生協の第一線で元気に働く女性職員たちだった。例えば、同生協が「日本経営品質賞」を受賞した二〇〇七年当時、職員七〇四人のうち、全体の七二パーセントに当たる五〇八人が女性職員で占められていた。

こうした女性の元気な福井県民生協だからこそ、その取り組みのなかで「〝福井県で働く〟女性の応援」を掲げたことも、ごく自然な成り行きとして納得がいく。さらに、こうした福井県民生協と女性との緊密な関係を裏付けるように、二〇〇六年末の時点で、福井県の三〇代女性のうち、実に四五・二パーセントの人が同生協に組合員として加入しており、この数字が全国平均の一〇倍近い割合になっているのは驚嘆に値する。

第2章で紹介した、不振に苦しんでいたハーツつるがの〝V字回復〟への突破口になった一人のパート職員の声、「お客さんが少ないって言いますけど、今、来てくれている人は、共同購入（宅配）の組合員さん。ヘビーユーザーの人たちです」などは、「組合員視点」さらには「生活者ニーズ」をよく知る女性職員のセンスが遺憾なく発揮された例として、特筆されるだろう。

福井県民生協の「経営品質」向上や、事業ネットワーク構築に関する取り組みの〝根っこ〟には、「組合員視点」があるのは言うまでもないが、同生協がその「組合員視点」を感度良くキャッチするメイト（パート）を含む職員一人ひとりを大切にし、その〝やる気〟を喚起するさまざまな仕組み、さらにはそうした組織風土を醸成してきたことも看過してはならない。このような職員の存在を、常勤理事の檜原弘樹《ひはらひろき》さんは、〝生協のエンジン〟と形容した。

人事制度は経営戦略によって変わるものだ

〝やる気〟を喚起する仕組みについて説明する前に、まず福井県民生協の経営戦略と人事制度の関係について、概観しておく必要があろう。

福井県民生協の組織の目的は、《組合員の満足と地域社会のために、「食と福祉と助け合い」の事業と活動ネットワークによるシナジー効果を発揮し、健康長寿で安全・安心な福井づくりに、組合員と職員の協同の力で高い志を持って挑戦し続ける》こととしている。

そして、その目的を達成するため、「コア組合員・生涯組合員の形成と社会的役割の発揮」「高信頼性組織の構築」そして、「職員エンパワーメントの最大発揮」の三つの「変革認識」を取り上げている（**図①**）。

「職員エンパワーメントの最大発揮」という「変革認識」には、前述の「仕組み」を構築するための「人事戦略」と、組織風土を醸成するための「改革戦略」が課題として挙げ

図①　福井県民生協の経営戦略と人事制度

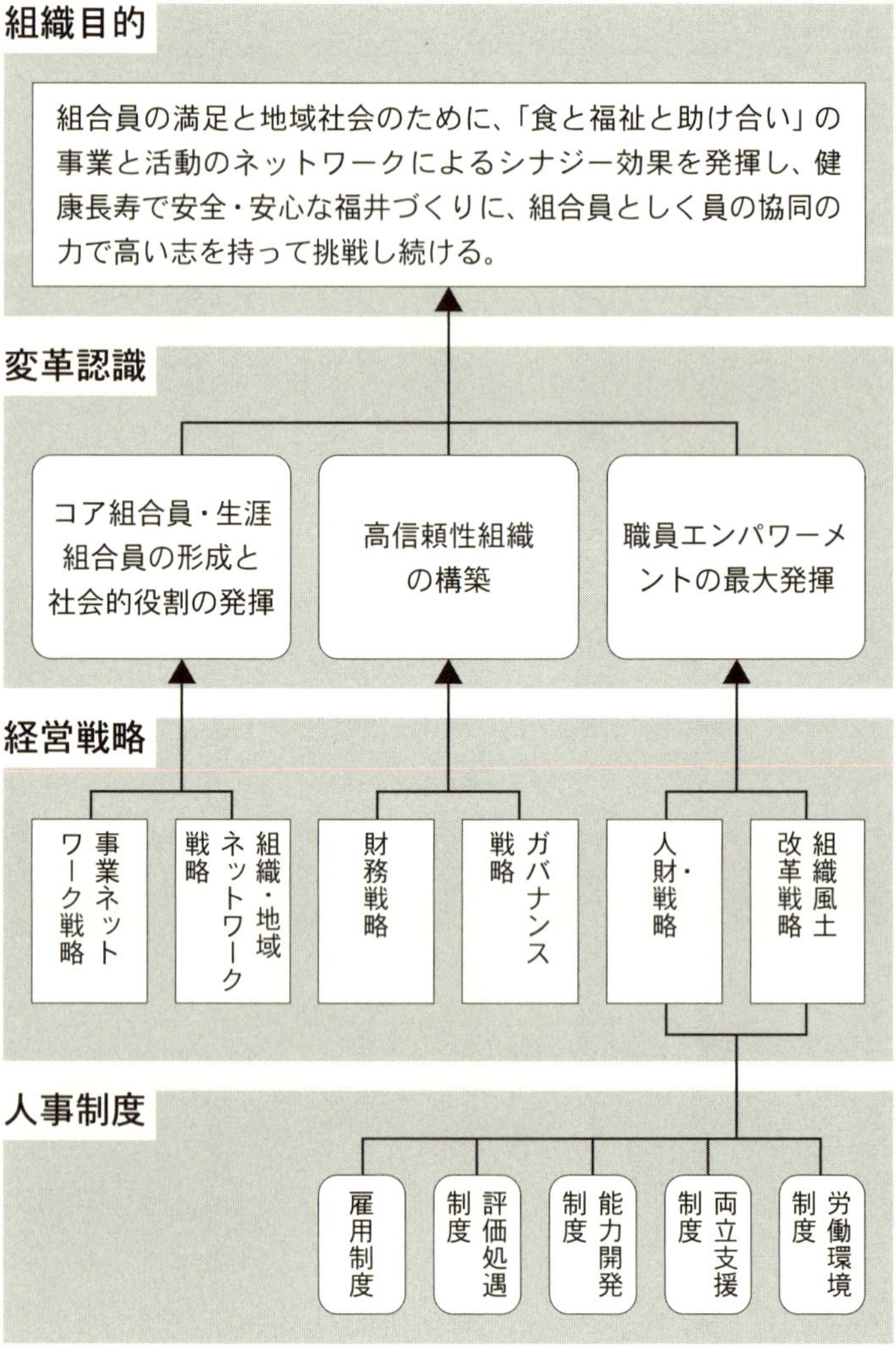
組織目的
組合員の満足と地域社会のために、「食と福祉と助け合い」の事業と活動のネットワークによるシナジー効果を発揮し、健康長寿で安全・安心な福井づくりに、組合員としく員の協同の力で高い志を持って挑戦し続ける。
変革認識
コア組合員・生涯組合員の形成と社会的役割の発揮
高信頼性組織の構築
職員エンパワーメントの最大発揮
経営戦略
事業ネットワーク戦略
組織・地域ネットワーク戦略
財務戦略
ガバナンス戦略
人財・戦略
組織風土改革戦略
人事制度
雇用制度
評価処遇制度
能力開発制度
両立支援制度
労働環境制度

表①　事業戦略の変遷

中期計画	年　度	事業戦略ステージ	到達点
～第4次中計	創立期～94年	宅配（共同購入）による事業成長	組織率21.5％ 事業高120億円
第5次中計	95年～99年	店舗事業開始 宅配・店舗・共済の複合的業態展開	組織率31.9％ 事業高167億円
第6次中計	00年～04年	福祉事業（介護・子育て支援開始） 宅配を土台に店舗・福祉・共済の事業ネットワークモデル構築	組織率40.9％ 事業高174億円
第7次中計	05年～09年	5つの事業のネットワークを県内にチェーン展開	組織率47.1％ 事業高201億円

※コープ北陸事業連合に加盟し、宅配については93年度より統一事業として展開。

られている。さらに二つの戦略を包摂した「人事制度」として、「雇用制度」「評価処遇制度」「能力開発制度」「両立支援制度」「労働環境制度」が定められているのだ。

福井県民生協の人事制度に対する基本的な考え方としては、以下の四つの項目が挙げられている。

①事業戦略の遂行による組合員満足度の向上（組合員から選ばれ続けるための競争力獲得）

②職員満足度の向上（働き甲斐、能力の発揮、役割責任や成果との報酬連動、生活の安心）

③経営の持続発展（人が重要な経営資源、賃金の源泉は生産性）

④社会的要請・コンプライアンスへの的確な対応（現在および将来リスクの把握）

ここで挙げられていることを、一言でまとめて言うならば、人事制度は経営戦略によって変わるものだということであり、換言すれば、前述の常勤理事の檜原さんが語ったような、〝やる気〟を持ったメイト（パート）を含む職員が、経営戦略に基づいて組織を牽引する〝生協のエンジン〟であることと、まったく表裏一体の関係になっているということではないだろうか。

もとより、福井県民生協の事業戦略は、創立以来、時代と共に幾度となく見直しと改革が不断に続けられてきたのだが、それは、おおよそ**表①**のような変遷を遂げてきた。

人事制度の抜本改革は「部分最適」から「全体最適」へのシフト

事業戦略の変遷から明らかなように、福井県民生協は、創立から一九九四年ごろまでの、宅配（共同購入）による供給事業を専らとしていた時代から、以後五年ほどのスパンで、店舗やＣＯ・ＯＰ共済、さらには高齢者介護や子育て支援などの福祉事業へと乗り出し、それらを横糸でつなぎ、徐々に事業ネットワークを構築するという歩みを続けてきたことが分かる。

なかでも、二〇〇四年から行われている「新人事制度改革」の内容は、今日の福井県民生協の組織と活動の根幹を決定付けたと言っても過言ではないと思われるので、少し詳しく見てみよう。

まず最初に、この「新人事制度改革」が策定された、ハーツつるが出店の翌二〇〇四年は、福井県民生協が、事業ネットワーク戦略への転換を旗幟《きし》鮮明《せんめい》にした年だった。すなわちそれは、前述した宅配一辺倒の事業から、店舗、CO・OP共済、そして福祉事業など、業態が飛躍的に広がりを見せ、それに伴って労務構成が変化し、外部からの人財確保なども進んだということを意味している。

さらには、「経営品質」向上活動の本格的展開の中で、〝生協のエンジン〟としての職員の位置づけが、これまで以上に高まってきた、という事実を看過するわけにはいかない。すなわち、組合員満足を生み出すものは、組合員との接点に立つ現場の職員なのだから、職員満足なくしては組合員満足もない、という自明の事実を、改めて確認したということでもあるのだ。それを「経営品質」という視点のもと、卓越した経営を実現していくためには、組織を構成する職員をエンパワーメントしていくことが不可欠と考え、職員を大切にする組織へと脱皮を図ったということだ。

また、福井県民生協を取り巻く社会情勢の変化としては、労働法制の見直しや、いわゆる〝働き方〟の変化、あるいは「男女共同参画社会」などを実現するための、ポジティブアクションの取り組みが盛んに行われるようになったという背景とも、決して無縁ではあり得まい。

そうした環境の中で、藤川理事長の発言にもあったとおり、経営トップの役割として「組織のありたい姿」が明示されるに至るわけだが、これが、人事制度の抜本改革を求める動きに拍車を掛けることになった。すなわち、宅配は宅配、店舗は店舗というような枠組みの中での「部分最適」から、事業ネットワークをベースとした、組織としての「全体最適」へのシフトが行われたということだ。

それを職員組織の変革という面から取り組めば、業態縦割り組織から、「事業ネットワーク」型組織への転換ということになり、コミュニケーションの変革という面から見れば、管理職と現場の職員との〝共創〟の場としての職場会議の重視や、目標管理シートを使った上司と部下の対話を実現していくことなどが挙げられよう。

もちろん人事制度改革は、単に仕組みの建て直しだけでは成功しない。いわば仕組みの建て直しと両輪を成す、意識を変えるための組織風土改革の重要性が改めて認識され、実行へと移されていったことも忘れてはならない。

周りのみんなが認める〝名匠〟に「マイスター」の資格を授与する

組織風土改革の取り組みのなかでは、現場での「好事例」の共有化や、それを担った職員の表彰なども行っている。

例えば、第1章で紹介した、宅配を利用している高齢の組合員が買い忘れたもの、あるいは宅配で取り扱いのない生鮮品などを、福井県民生協の店舗「ハーツ」に買いに行き、お届けしていたメイト（パート）職員の取り組みが、「好事例」として表彰を受けた件などがそれに当たる。

さらに、「好事例」を表彰する取り組みの延長線上に生まれた制度で、いかにも福井県民生協らしい、ある種の〝遊び心〟をも兼ね備えた取り組みとして興味深いのは「マイスター制度」だ。「マイスター」と聞いて、音楽好きの読者なら、リヒャルト・ワーグナーの楽劇『ニュルンベルクのマイスタージンガー』などを思い出すかもしれないが、ドイツ語で「職人の親方」などを意味するこの言葉は、ドイツにおける資格制度の名称でもあり、いわば〝お墨付きの熟練工〟とか〝名匠〟といった意味合いを持っている。

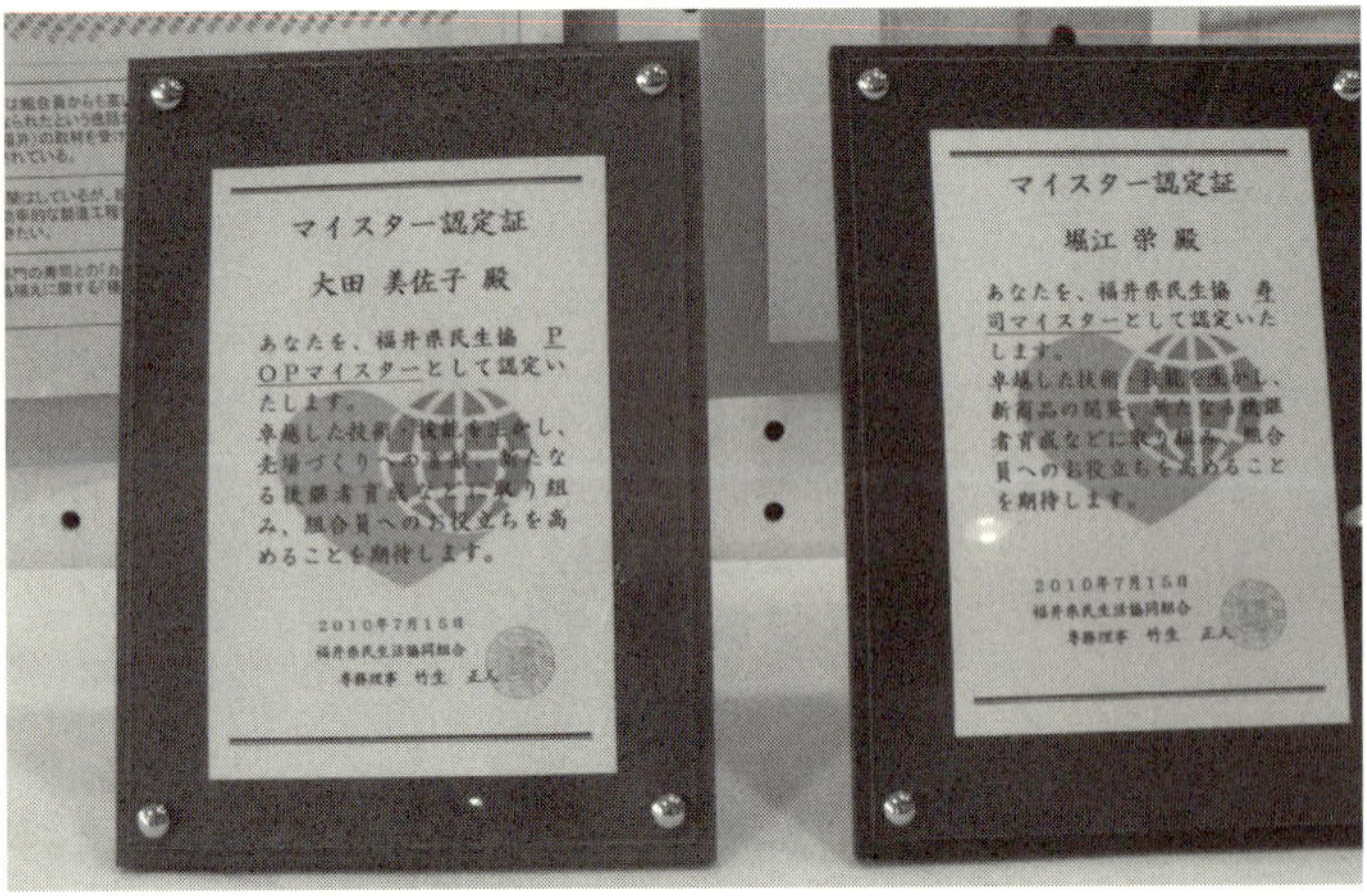

「マイスター」認定証

この制度の発案者はやはり藤川理事長で、竹生専務も「マイスター」制度には大いに期待を寄せていると聞いた。ただし、この制度は、一人の職員の卓越した技術を、周りの人たちの八〇パーセントが認めたら、「マイスター」の資格を授与しようというものであって、理事長や専務などのトップが〝お墨付き〟を与える資格ではない。周りの人たちがみんなで認定するのだ。

二人の「マイスター」の認定理由は多種多様

さて、その「マイスター」は、毎月の業革会議で実施される「好事例発表」の中で、個人の技術、技能を生かした組合員への貢献を行った個人を対象として認定されることになっている。「マイスター」の候補に挙がった「好事例」は、各事業部で実施される事務局会議で発表されるほか、部内報やウェブ上の掲示板などで共有化を図り、職員への周知が行われている。

「マイスター」の選考は、福井県民生協の役職員で構成される業革会議出席者による評価（投票制度）を実施して、前述のように、評価者全体の八〇パーセント以上が認めた場合についてのみ、表彰、認定される。こうして選ばれた「マイスター」は、半期に一度、全体事務局会議で発表されることになっており、認定された「マイスター」の称号と認定者の名前は、福井県民生協本部一階に掲示される。生協本部を訪れる人なら誰もが、「マイスター」を目にすることになるので、それはやはり職員にとって、名誉なことに違いない。

ちなみに、現在認定されている、店舗のＰＯＰ書きの技術で認定された「マイスター」の大田美佐子《おおたみさこ》さんと、寿司《すし》の商品作りで「マイスター」に選ばれた堀江《ほりえ》栄《さかえ》さんの認定理由と、投票した職員のうち、その認定理由を挙げた人数を以下に列挙してみよう。

①大田美佐子さん

手書きＰＯＰとして、店舗業態では右に出る者はいない（二名）／さらに技術を高めて組合員に必要な（喜ぶ）情報提供をしてほしい（一名）／組合員評価。他の職員の模範となっている。すばらしい（二名）／きっかけは、他店舗の「好事例」の横展開ではあるが、それを上回る技能習得はすばらしい。また、五月のハーツつるが事務局会議での報告など、横展開への支援の姿勢もすばらしい（一名）／組合員への提案を見やすくし、興味の出る売場づくりに貢献した（四名）／実際、買い物をしていて楽しくなったし、明るい気分になった。ただ書いているというより、一つの整った広告物となっているのがとても良い（一名）／分かりやすく楽しいＰＯＰだと思う（二名）／もっと進化していただくために認定したい。商品部との連携ができれば、もっとすばらしい（一名）／自己啓発にも取り組み、組合員にも分かりやすく、目に付きやすいＰＯＰ作りは大田さんならでは（一名）／本人のセンスも良く、向上心も高いため、頑張って独自性を出している、特別な技術を有していると認められる（一名）／スキルは横展開が始まっており、技術研修の講師として期待できる（一名）／現在では、紋日の告知ＰＯＰを全店分作成している。横展開が浸透している（一名）／全店へ広げる役割を担い、活用してほしい（一名）／宅配への横のつながりができるように考えたい（二名）／自ら自己啓発を行って、業務に貢献しているため（四名）／ＰＯＰについて同じように知識と意欲のある職員づくりを頑張ってもらいたい（一名）

②堀田栄さん

組合員評価（四名）／黒酢寿司の開発、バランの芸術（四名）／ハーツの〝お魚屋さんの寿司〟を定着させた（五名）／ハーツの代表的な商品として多くの組合員に支持されている。堀江さんの技術と経験があってこそ生まれた商品だから（三名）／新商品でのハーツ人気に貢献し、作業改善、商品開発などを積極的に行っている。特別な技術を認める（四名）／技術、知識は非常に高く、この能力を広げる必要がある（一名）／ハーツ全店舗展開となっており、メイト（パート）さんの教育（後継者教育）も行っている（三名）／すでに他店に横展開する仕組みもつくっており、実績もついているため（四名）／前職で培った技能・知識を活かし、経験の浅い職員でも対応可能な工夫をしている点が、他の職員の模範になっている（一名）／横展開を継続してほしいため。すばらしい（一名）／まさに「マイスター」と呼ぶにふさわしい方だと思う。他の職員に伝えていくことは簡単ではないと思うが、頑張ってほしい（一名）／スキル以上に、日々の新しいものづくりへの意欲が十分感じられて良いと思う。今後も、他の商品のアイデアに期待する（二名）

なんとも多種多様な認定理由が挙げられている。率直に言って、これだけ多様な視点から評価を受けるというのは、およそ容易なことではないはずだ。以下に、この二人の「マイスター」のインタビューの内容をご紹介してみよう。

「マイスター」かく語りき……①
大田美佐子さん（ハーツ学園）

――POPはどこで勉強したのですか？

私のPOPはまったくの自己流で、日本生協連が行っている通信教育の「POP講座」しか受けたことはありません。しかも、それはパソコンでPOPを作成するものだったので、今回の手書きPOPの技術に関しては、これまで何かに活用してきたということもありませんでした。実際、パソコンでPOPを作ることばかりで、ほとんどといっていいほど、手書きの知識はなかったんです……。

――なぜ、手書きPOPをやってみたいと思ったのですか？

自分がやる仕事に対して、自分なりのポリシーを持ってやってみたかった、ということはありますね。仕事をするからには、ただ普通に仕事をするのではなくて、一番になりたいみたいなところが結構あって。以前は、畜産部門の仕事をしていて、プライスカードとか、ＰＯＰの仕事を任されていたんです。パソコンのＰＯＰは、「ＰＯＰ講座」で勉強していましたので。でも、今回のマイスター認定では、むしろ〝手書き〟ということに心惹《ひ》かれましたね。

――パソコンと手書きでは、同じＰＯＰでも違うものなんですね。

そうです。そのとき、手書きＰＯＰというものに対するイメージが、店長と私とで全然違っていたんです。私が思っていた手書きＰＯＰは、パソコンで作ったＰＯＰがあるじゃないですか。あれを単純に手書きにすればいいんだろう、という程度のものでした。ところが、全然そうじゃなくて、店長からは、イラストなどをまじえたＰＯＰを書いて（描いて）ほしいと言われて、イメージしているものにすごくズレがありました。ズレがあって、分からなくて、どんなふうに書けばいいんだろうって思っていたら、店長から「他店に見に行ったら」と言われたので、行ってきたのです。

その後、店長からは、筆の〝習字〟でやりたいねって言われて、私はふつうの楷書で書くのかなと思っていたら、〝相田《あいだ》みつおさん〟みたいな、ああいう文字で書いて、という話になりました。そうしたら、一気に書き出せた、という感じですね。

――勢いが付いたということでしょうか？

二〇一〇年四月の中旬ぐらいに話があって、本格的に書き出したのは、五月の頭ぐらいからなんですが、そのうち、なんとなく自分のスタイルが確立できて、家に帰ってからも、日本生協連の「ＰＯＰ講座」のときの教材を引っ張り出したり、数字の書き方を練習したり、習字も習いに行きました。短期講座ですけどね。私はサービスの仕事をしていたので、「のし紙」を書いたりするのに、習字をやっておいて損はない。これは、一石二鳥だなと。

――習字の月謝はご自分で？

ええ、まあ、自分のためにもなるものなんで……。

――「好事例」の発表があるのは、知っていたのですか？

いいえ。うちの店長はいつも突拍子もなく言ってくる人なので（笑）、「〇〇日に『好事例発表』があるから来てね」みたいな感じで言われました。私は、そういうことをやっているのも知らなくて、今回初めて知ったんです。

最初に店長が、こういうふうに言えばいいからね、と資料を作ってくれたので、それを自分の言葉に置き換えて発表した、という感じです。

――緊張したでしょう？

ええ。かなり緊張しました。自分が今、何をしゃべっているのか全然分からない状態で、一気にまくしたてたみたいな感じで、すごく早口で言っていると自分で思いながら……もう訂正できない。それで、わーっといってしまった状況ですね。

――「好事例発表」後の周りの反応はいかがですか？

私は、サービス部門の担当ですが、まず「好事例発表」をする前、手書きＰＯＰの勉強を始めたときから、レジの仕事ができなくなってしまって、店にいる他のメイト（パート）さんには、ほんとうに申し訳ないことをしました。初めは、人手が足りないときは私も入るからね、という話だったのですが、それもできなくなって。言わないだけで、みんなすごく気を遣ってるのが分かるんですよ。私がＰＯＰに集中できる環境をつくってくださって、それはほんとうに感謝しています。

職場で話しているなかでも、「これ、こういうふうに書いたらいいんじゃないかな」とか、「あそこの店で、こんなことやってたよ」「テレビでこんなこと言ってたよ」と言ってくれることが、ひらめきにつながったり、役に立つ情報を、みんなが仕入れてきてくれたのが、すごく助かりました。

――組合員さんの反応は？

直接的に何か言われたことはないんですが、この前、会議のなかで、組合員さんからの声として、ＰＯＰについて、「見ていて楽しい」みたいなお褒めの言葉が挙がっていて、それはとても嬉《うれ》しかったですね。

――「マイスター」の認定理由を見て、どう思われましたか？

最初、店長から、今、「マイスター」認定の投票中だよと聞いて、久しぶりに学生時代の合格発表を待っているような気持ちになりました。

でも、「ここで逆に『あんなのアカン』て言われたら悲しいですよね」と店長と話していたら、店長は「そんなこと言う人はいないよ」って言ってくれました。でも、実際はドキドキだったんです。「好事例」を発表させてもらったときは、「素晴らしい」とか言ってもらえましたけれど、実際はどうだったんだろうと不安でした。

でも、この認定理由を読ませていただいて、何といったらいいか分からないぐらい、ただ嬉《うれ》しいしかなかった！　書いてある一つひとつの言葉がもったいないさ過ぎて、自分のことじゃないような気がしました。

でも、言ってもらって嬉しいんですけど、まだ自分では満足してはいません。手を抜いた作品を作っているつもりはないんですよ。ほんとうに一枚のＰＯＰを作るのにすごく時間がかかるんです。

この言葉をどこに置いて、もし写真を載せるのであれば、どこに載せようかとか、まず構図を考えるんです。文字の大きさや配列も、写真のようにポンと浮かび上がるまでにすごく時間がかかるんですが、書き始めたら、自分の中のイメージを崩さないように、一気に集中して書きます。出来上がったら、まず店長に見せるようにしていますね。

店長が何と言うか、それを聞くまでは、不安で仕方がないんですよ。店長に見せて、「いいんじゃない」と言われたときに、初めてＰＯＰを仕上げた、という達成感がありま

POP「マイスター」の
大田美佐子さん

す。店長が頭の中で思い描いているイメージと一致するものになるかどうかを常に考えながら、作っているということですね。（談）

「マイスター」かく語りき……②
堀江栄さん（ハーッツたけふ）

――入協してから長いのですか？

生協で働くようになって六年目ですね。その前は、兄弟でお寿司《すし》屋さんをやっていたんです。でも、景気が悪くなって、スーパーが安いお寿司を売るようになったり、あとは、百円のお寿司なんかが出てきたことで、〝街の寿司屋〟はやっていけなくなったんです。それでも、兄は寿司屋を続け、私は店を出て、生協で働くようになりました。

想像つくと思いますけど、四〇代後半での再就職というのは、まずないんですよ。職業安定所に行っても、年齢がネックになって、なかなか仕事はなかったんです。二か月ほど就職浪人をしまして、職を探しました。自分は結婚していて、子どもはすでに二〇歳になっていて、これからは自分でやってくれるだろうという時期だったので、それはすごく安心だったのですが。

だけど、仕事がないというのは、ものすごく不安ですよ。言いたくないですけど、半分、病気でしたね。テレビで〝派遣切り〟の話とか観ると、すぐ自分に当てはめてしまいましたしね。

そういうときに、自分は何ができるんやって考えたときに、タクシーの運転手をやろうかとか、いろいろ考えましたが、自分、何もできないんですよ。車、運転しても眠くなってしまうし、結局、自分に何ができるのかと考えたときに、やはり、自分には包丁しかないと……。

そこで踏ん張ったというか、包丁を持って、何でもいいから仕事しようと。それまでは、お寿司屋さんもしてましたし、結婚式場の料理を作ったりもしていましたから。そのときは、「料理長」という肩書きもあったんです。
一、〇〇〇人単位の料理を作ってきてるわけですよ。メニューを作ったり、パーティー料理とかもしてきた経験があって、和食に限らず、洋食や中華もできました。
そういう知識や経験が、今の自分のなかでも生きていると思いますね。

――生協の仕事を選ばれたのはどうしてですか？

生協以外のスーパーにも面接に行きましたよ。だけど、「四八歳にもになって、何で辞めたの？」とか、いろいろ訊かれるので嫌になりましてね。

そんなとき、ハーツのチラシの〝隅っこ〟に、「パートさん募集」と書いてあったんです。アルバイトでもいいから自分の技術を生かした仕事がしたい、そういう思いで生協に入ったのがきっかけです。

そのときの店長は、今はハーツたけふの店長ですが、快く僕を受け入れてくれたんです。まあ、そのときはアルバイトということですから、そんなに重要視してなかったのかもしれませんが、「そんなら、来てくれ」「ほんなら、やったろか」という気持ちで入ったのが最初です。

それで、スーパーの水産部門の仕事をしてくれ、ということで、お魚をさばいたり、刺し身を作ったり、お魚を焼いたり、そういう仕事をしました。

――最初はお寿司を作っていたのではないのですね。

そうなんです。水産の仕事をしていたら、あるとき、惣菜のお寿司が伸び悩んでいる、という話を聞きました。

確か、入って三か月か四か月ぐらい経ったころかな、飲み会の席だったと思いますが、僕が寿司屋の経験があるということで、「ちょっと寿司やってくれんか」と言われて、「ああ、そうですか」ということになったんです。水産はいつも魚を売っているわけですから、「水産でお寿司をやったら」というのがきっかけでしたね。まあ、このへんでは、惣菜がお寿司を作るというのが常識でしたからね。

――水産部門で、お寿司を開発しようと考えたわけですか？

そんな大げさなものじゃないんですが、水産では「いいお魚が入ってますよ」と、組合員さんにせっかくおすすめしているわけですから、それを寿司にしない手はないぞ、と思ったんです。単純な発想です。

一方、悪口を言うつもりはないんですが、お惣菜のほうは、必ずしも魚が基本というわけではないですよね。お寿司のネタはチルドだったり、冷凍だったり、ネタ切りしたものが届く場合もあるわけですよ。その差って大きいじゃないですか。〝朝穫《あさど》れ〟の魚をさばいて寿司にするのと、チルドで届いたのを寿司にするのでは。

自分の考えでは、魚屋さんの寿司のほうが〇《まる》じゃないか、正解じゃないかと思ってやってるんですけど。

でもね、お惣菜にはお惣菜の力というのもあるんですよ。例えば、お寿司でいちばん儲《もう》かるのは、「太巻き」とか「いなり」なんです。なんでかというと、やはり、魚は高いからですね。だから、むしろ「太巻き」や「いなり」をたくさん買っていただいたほうが、利益は上がります。それが惣菜の強みですね。

あと、惣菜の強みは、メイト（パート）さん主導で仕事が回るということです。〝シャリ玉〟を買って、マニュアル化された教育を受ければ、「太巻き」や「いなり」を作れるというのが利点。新人が入ってきても、短期間で惣菜の寿司ができる、というのは強みですよね。

今は水産の寿司と惣菜の寿司が分かれていますけど、水産は水産、惣菜は惣菜の強みを生かすことで、総合的に店全体の寿司が強くなればいいと思っています。

だいたい、水産とか惣菜とかっていうのはこっちの都合であって、惣菜の寿司であろうが、水産の寿司であろうが、要するにおいしいお寿司を出すことが一番なんです。部門ごとに供給計画があったりするから、例えば、惣菜が水産のネタを使ったりするのは〝壁〟があるのですが、そういう〝壁〟なんて、ほんとうは組合員さんから見たら、何も関係ないことなんですよね。

惣菜のお寿司は、確かに前年より伸び悩んでいますが、水産のほうは、〝お魚屋さんの黒酢寿司〟をはじめとして、実績が上がってきています。それで、寿司全体としては、伸びているんですね。

お寿司は、生協以外では軒並み落ちているでしょ。そういう中で、生協の寿司が全体として伸びているというのは、これからも伸びていくということだろうと、僕はそう思っているのです。

――水産が初めてお寿司を作るまでには、苦労もあったのではありませんか？

そうですね。最初は惣菜から〝シャリ〟を借りてきて、その上に水産の魚をのせて、「〝魚屋さんのお寿司〟です」って出してました（笑）。しかも、水産本来の仕事がありますし、人員も限られていますから、夕方四時ぐらいからしか出せなかったんです。最初の二、三年はそんな感じでしたね。「ロスが高い、高い」って言われて、もうやめようかなって思ったこともありました。

でも、そんなことしてるうちに、組合員さんの声、反響があるわけですけど、「ネタが新鮮や」とかね。一方、「何か特徴を出さないと、それだけじゃ駄目やな」という反省が出たりもする。自分も、他店と競争する材料をつくらなければいけないと思いましたね。

福井では、黒酢のお寿司というのは馴染みがないというか、聞いたこともなかったですが、黒酢は体にいいと言われているから、それを合わせ酢に使えないかな、という発想につながりました。

それで、今までの自分の経験もあったので、何度も何度もブレンドを繰り返したんですね。お酢だけじゃないですよ。蜂蜜とか、昆布エキス、お砂糖も上白糖と三温糖を混ぜて使っているんです。あとは、みりんと塩です。この中には、化学調味料は使っていません。そして、後は、黒酢をどれだけ入れたらいいのか。黒酢と米酢の割合が難しいんです。

後で分かったことですが、黒酢というのは、全国にあるんです。鹿児島の黒酢が有名ですが、九州地方には多くの黒酢がありますね。中国の香醋《こうず》も黒酢の一種なんですよ。あとは、沖縄のもろみ酢もそうですね。これらを総称して黒酢と言うんです。

――さすが「マイスター」は、黒酢のエキスパートでもあるんですね！

いえいえ（笑）。実はね、私は、昔から付き合いのある福井県の酢の醸造元があるんですが、そこに、黒酢は手に入らないかと訊いたら、なんとそこにもあったんです、黒酢が。福井にもあったとは……。ただし、需要がとても少ないので、量がないという返事でした。

それで、同じ手法で作っている醸造元が愛知県にもあるということだったので、それに福井の米の醸造酢を合わせて、ブレンドを指定して、合わせ酢を作ってもらいました。これが、うちの味の基本なんです。

それでは、〝シャリ〟をどうしようかなと考えていたときに、惣菜部門が地元の業者さんと付き合いがあって、水産のチーフの大田《おおた》洋一《よういち》さんや店長の米田《よねだ》勇《いさむ》さんに「どうや？」って訊いたら、「やってみ」と言われて。

そうしたら、地元の業者さんも「黒酢の寿司を考えているんや」と言うじゃありませんか。それならというわけで、私も「浜の味と山の味は違う。好みがあるんや。その土地にはその土地に合う合わせ酢を送るから」と言いました。

黒酢を使うと何がいいかというと、アミノ酸が豊富なので、体にいいんですよ。それと、何より後味がまろやかになりますね。普通の酢を使うと、それはスーッと消えていきますが、黒酢を使うと、最後のほうの味がふわっとなる。尾を引くんです。あとは、まろやかな香りがしますね。

だけど、人の味の好みというのは難しくて、「黒酢はおいしいですよ」と言っても、なかなか分かってもらえないことも多いのです。ほんとうにおいしいものというのは、かなり微妙な味覚なんですよ。それで結構、「これ、おいしい！」というのが、化学調味料の味だったりする。それほど、人間の舌っていうのは、いい加減なものなんですね。

でも、この黒酢の合わせ酢に関しては、「なんか知らんけど、うまいんや」という感想を、組合員さんからよく聞きますね。まあ、それほど微妙なものではあるんですが、この黒酢のお寿司は、少しずつですが浸透していっています。これは必ず定着する、〝口コミ〟で広がっていく、と僕はそう思っています。

――組合員さんが、おいしいと認めてくれたわけですからね。

お寿司屋でも料亭でもいいんですが、そこへ来る人は、お寿司を食べたいから来ている人ですよね。でも、スーパーというのは、お寿司を買いに来るお客さんばかりではないんです。お寿司を目的に来ているわけではない。「今晩、何にしようか」と見て回って、「今日は誕生日だから、お寿司にしようか」と、その場で決めるわけです。その差は大きいですね。

寿司を食べにきてくれるお客さんには、いくらでも好きなものが出せますよね。でも、目的がないお客さんには、欲しくなる商品を出さないとならない。見映えであったり、評判であったり、その差は大きいですね。

逆に言うと、お寿司屋さんは、お客さんに来ていただいて、欲しいと言われてから商品を作るわけですが、スーパーは先に作って、売れなかったらロス。値引きしてもロスですよね。その差も大きい。

堀江さんがハーツ羽水で開発し、ハーツ学園に横展開された“お魚屋さんの黒酢寿司”（写真右）を知らせる大田さんのＰＯＰ（写真左）。福井県民生協の店舗では、「マイスター」のコラボレーションが見られるかもしれない。

そうすると、何で売れないのか、いろいろ考えるようになるのです。値段を下げてみようとか、他の店にないような、常識を覆したようなお寿司を考えたり。

例えば、クリスマスのロールケーキ風のお寿司を出してみたり。それは、お客さんが「うわあ、何これ？」と見るわけです。注意を引く。若い女性や子どもがよく見ていくかな。

冬のシーズンだけですが、セイコガニ（ズワイガニ〔越前がに〕のメス）の押し寿司を出しますね。甲羅に〝ちらし寿司〟を入れて、脚の方は押し寿司にして、蟹みたいな形にしてあるんです。それを見るのは、だいたい旦那さんですね。夢があるというか、面白いというか……。

主婦は財布を握ってますから、まず値段を見ますね。でも、男の人とか、子どもとか、若い人というのは、〝面白い〟というのが先に入ってくるので、それが一つの見せ方になります。それで、他のものも買ってもらうわけです。

――「マイスター」に認定されたご感想は？

「マイスター」ということ自体、なんかよく理解できてないんですよ。日本語にすると「職人」かなあ……。

まあ、評価なんかどうでもいいんですよ。楽しくしているということ。楽しいですよ。

寿司「マイスター」の
堀江栄さん

それで評価されたら、なお楽しいですね。ハーツ学園で大田さんのＰＯＰを見ましたけれど、素晴らしいですね。それ、やっぱり楽しいですよね。（談）

「職員満足」の共有が「全体最適」の組織風土を醸成する

二人の話を聞いてみて、さすが「マイスター」という思いを強く抱いた。周りの人たちの多くが、その〝称号〟を受けるに値すると認めた人だけのことはある、とつくづく感じたのだ。

大田さんと堀江さんの話を比べてみると、二人のスタンスは決して同じとは言えない。しかし、共通しているのは、自分の技術を発揮して〝楽しく〟仕事をし、それが認められたことで、いっそうその楽しさを増幅させているところが素晴らしいと思った。

堀江さんは端的に、それでいててらいなく「楽しい」という自身の感想を述べている。大田さんも、組合員から「見ていて楽しい」と褒められたことがとても嬉しかった、と言っている。これぞまさしく、組合員満足に直結する、職員満足の真骨頂と言えるのではないか。

もちろん、職員の誰もが、こうした職員満足を獲得しているとは限らないだろう。あくまで、「マイスター」と認められたほどの二人だから達成できたことなのかもしれない。それでも、この「マイスター」を認めたのは、周りの人たちなのだということが大きな意味を持っている。みんなが選んだ「マイスター」だということで、その技術の価値をみんなが共有しているからである。

だから、大田さんが言うように、職場の仲間たちがPOPに集中できる環境をつくってくれ、ひらめきにつながるようなアイデアを仕入れてくれたりしたのもよく分かる。そして、「マイスター」認定の結果発表を待つ大田さんが不安に感じているとき、店長は「そんなこと言う人いないよ」と言ってフォローするところなど、誠に心憎い人間関係ではないか。

率直に言って、こんな上司や部下、職員たちが共に楽しく仕事をしている福井県民生協という職場で働けることを、つくづく羨ましいことのように感じた。つまりこれが、〝生協のエンジン〟である職員を〝やる気〟にさせる、「全体最適」の組織風土というものなのではあるまいか。

第4章

買い物弱者のもとへと売場を運ぶ移動店舗・ハーツ便

福井県を分ける地域——嶺北・奥越・丹南・嶺南

クイズ番組で出題される「〇〇県の形は、次のうちどれ？」という質問は、地元〝ケンミン〟でも、案外、容易に答えられなかったりする。東北地方とか東海地方というように、いくつかの県のまとまりの中から秋田県を探し出すことはできても、単独で愛知県の形だけを見せられると、「あれ？」となってしまうことも多い。

その都道府県がどうしてそんな形になったのかは、自然の地勢や歴史的な経緯などに理由があるのだろうが、まったく縁もゆかりもない〝モノの形〟に見立てたりして、親しみを持たれるようなこともある。ちょうど、イタリア半島を、ブーツの形になぞらえたりするように。

北関東の例を挙げれば、地元「上毛カルタ」の〝つ〟の読み札が「鶴舞う形の群馬県」なら、隣り合う栃木県は「亀」の形に似ている、と聞いたことがある。これなどはまた、たいそうおめでたい形の県が並んだものだ。

それでは福井県は何の形に見えるかといえば、「象の横顔」と言われることがあるのだそうだ。

福井県は旧国名で言うと、北部の越前国《えちぜん》と南部の若狭国《わかさ》から成り立っている。多くの入り江が複雑に入り組む若狭湾の海岸線が、絶えず日本海の波に洗われている旧若狭国側が、いわば象の長い鼻であり、旧越前国の方は、言われてみれば側面から見た象の顔に似ているような気がしないでもない。

旧越前国の東部、日本百名山の白山《はくさん》（二、七〇二メートル）や、能郷白山《のうごうはくさん》（一、六一七メートル）を擁する両白《りょうはく》山地の高まりから、徐々に大野《おおの》盆地へと標高を下げていく大野市周辺は、越前の奥座敷という意味で、「奥越《おくえつ》」と呼ばれることがある。ここはさしずめ、象の耳辺りだろうか。大野市から視点を西に転じて、曹洞宗《そうとうしゅう》大本山の永平寺《えいへいじ》や、県庁所在地の福井市の辺りは象の目に位置し、象の額の丹生《にゅう》郡と、南の南条《なんじょう》郡とを一緒にしたエリアに、「丹南《たんなん》」の称もある。

もっとも、福井県内の地域を分ける最も重要な地勢上の要衝は、ちょうど象の鼻の〝付け根〟に当たる木の芽《きのめ》峠だろう。古来この峠は、北陸道中の分水嶺、木の芽山地を越える木の芽古道の難所として、つとに有名だった。今は、国道四七六号線の木の芽トンネルや北陸自動車道の敦賀トンネル、そして、JR北陸本線の北陸トンネルなどが直下を貫き、瞬く間に通過してしまうが、いにしえは、みちのくへと落ち延びた義経主従《よしつねしゅじゅう》や紫式部、永平寺を開いた道元《どうげん》禅師、北陸に真宗王国を築いた蓮如《れんにょ》上人、さらに下っては松尾芭蕉《まつおばしょう》も、かの『奥の細道』の中で、この峠を越えて旅している。

木の芽峠は、〝木嶺《もくれい》〟と中国風に呼ばれることもあり、そのために峠の南を嶺南《れいなん》、北を嶺北《れいほく》と区別する。福井県民なら、誰でも知っている地域の呼び名だ。

私たちも一週間に一度でいいからハーツつるがのミンチ（ひき肉）が食べたい

ところで、福井県民生協が移動店舗の「ハーツ便」を稼動させるに至ったきっかけは、自宅が生協の店舗から遠く、宅配を利用していた地域の組合員たちの、ある切実な要望だった。それは、「私たちも一週間に一度でいいから、ハーツつるがのミンチ（ひき肉）が食べたい」というもので、この人たちが暮らしていたのが、象の鼻の中ほどに位置する小浜《おばま》だった。小浜は、一番近い福井県民生協の店舗のハーツつるがに行くにも一時間はたっぷりかかる、という地域だ。

〝海のある奈良〟と称されるほど文化遺産が多い小浜市は、現在、「人口の減少」と「少子高齢化」が、全国に先駆けて急ピッチで進んでいる。「ハーツつるがのミンチ」を希望する組合員の気持ちは切ないほど分かるが、福井県民生協の店舗をこの地に新規出店することは、採算性を勘案すると、やはり、困難と言わざるを得なかった。

しかし、ここで不可能を可能にするため、とりわけ、組合員のプラスをとことん追求してきた福井県民生協ならではの、発想の〝コペルニクス的〟大転換が起こる。

「組合員がお店に来られないなら、店の商品を組合員のもとへと届ければいい」

こうして始められたのが、一週間に一回、注文を集めてもらったうえで、ハーツつるがのミンチはもとより、ニラや餃子の皮など希望の商品を組合員が暮らすエリアへと届ける、「わくわくハーツ便」という取り組みだった。それは言ってみれば、店の商圏の延長線上で取り組まれる、「〝宅配版〟の店舗事業」のようなものだったろうか。

この新しい供給のスタイルは、小浜地域の組合員から好意的に受け入れられた。この成功を受け、わくわくハーツ便は〝買い物弱者〟の人たちが暮らしている、県内の他の地域にも、次々と広がっていった。このとき福井県民生協は、利用者の注文を集約して商品を届けるという宅配の仕組みを踏まえながらも、文字通り、店舗の売場自体を組合員のすぐ近くにまで運んでいくという、供給業態のイノベーションへと一歩を踏み出したのだった。

それが、移動店舗・ハーツ便の始まりだ。

ハーツ便は、二〇一〇年九月には、小浜以外の嶺南各地はもとより、嶺北の奥越や丹南エリアに設けられた、約一四〇か所のステーション（停留所）で、一万人以上の人たちが利用するまでに発展している。

拡大を続けるハーツ便は、福井県による集落移動販売システム整備モデル事業として、経済産業省の「ふるさと雇用再生特別基金事業」による交付金も受けられるようになった。月間供給高が一、三七〇万円、客単価約一、四〇〇円、一日一台当たり、約五〇人の利用で、供給高六・六万円というのが、現在までに達成された成果だ。が、今、福井県民生協が掲げている目標は、一日一台当たりの平均客数八〇人、客単価一、五〇〇円で、供給高は一二万円という水準なのだという。

ステーションの改廃など担当者の〝フリーハンド〟が許される新しい供給スタイル

初夏の陽が燦燦《さんさん》と降り注いだその日、実際にハーツ便に同乗させてもらうため、丹南にある店舗、ハーツたけふへと向かった。

二〇〇九年にオープンしたハーツたけふは、北陸本線の武生《たけふ》駅や、民鉄・福井鉄道福武《ふくぶ》線の越前武生駅から二キロほどの場所にある、かつての武生市にオープンした店舗。実際には、既に二〇〇五年一〇月の時点で、武生市と今立《いまだて》町が合併して越前市が誕生していたので、越前市芝原《しばはら》というのが店の正式な所在地だ。

ハーツ便に商品を詰め込む作業は、前日と、当日の朝八時半から九時半ぐらいまでの間に専属のスタッフが担っているが、私が店に着いたときにはそれとは別に、出発前のハーツ便の担当者、広富美津恵《ひろとみみつえ》さんが、店の売場から足りない商品を補充しているところに遭遇して驚かされた。巡回するエリアのニーズを誰よりも知っているのは、自らが〝店長〟となって移動店舗のハーツ便をそのエリアで巡回させる担当者なので、そんなフレキシブルな対応が、ごく自然に行われているのだという。しかも、そうしたイレギュラーなやり方を、誰も〝ルール違反〟として問題にしたりはしない。

それは、第1章で紹介した、宅配を利用されている高齢の組合員が買い忘れたもの、あるいは宅配で取り扱いのない生鮮品などを、福井県民生協の店舗「ハーツ」に買いに行き、お届けしていたメイト（パート）職員の取り組みが、「好事例」として表彰を受けたことにも通底するやり方ではないだろうか。これも、事業ネットワーク、そして、組合員目線の経営品質の取り組みを、生協一丸となって継続してきたことで培われた、よき組織風土なのだろう。

こうしたエリアの事情を知悉《ちしつ》している担当者には、往々にしてそのエリアの出身者や、現在もそこに住んでいる人が選ばれることが多いようだ。

もっとも、ハーツ便を稼動させた当初は、店舗の売り上げ上位の商品を機械的に上から順番に揃《そろ》えて、組合員のもとへと運んでいくだけだったという。しかし、それらの商品は、必ずしも地域の組合員の支持を得られるとは限らないことが、徐々に分かってきた。

ハーツ便の品揃《ぞろ》えを改善するために、他ならぬ担当者たちが率先して取り組んだのは、きわめてストレートで分かりやすい実践だった。それは、ハーツ便に買い物に来てくれた組合員に、「どんな商品が欲しいですか?」と率直に訊くことだ。その結果、例えばある組合員が「黒糖のお菓子」を求めていることが分かったら、一週間と言わず、そのすぐ翌日から車に積んで、組合員のもとへと届けることを始めた。これは見事に組合員の支持を得ることに直結し、担当者たちは口々に、「最初から、組合員さんに訊けば良かったんだね」と言い合ったという。

また、現在ルートによっては、ハーツ便が週に二回巡回しているステーションもある。設置当初のように組合員が集まらなくなったとき、そのステーションでの供給をやめる一方で、新しいニーズを発掘して、特別な対応が必要なステーションだと分かれば、週二回巡回を実施することにしたので、そのような〝変則的な〟ルートやステーションが増えていったのだそうだ。

ほんとうに他に買い物の手段が皆無な「限界集落」は別として、多くの地域では、やはり、しばらく巡回を続けているうちに、組合員がハーツ便の商品に飽きてしまう、ということはあるようだ。しかし反対に、思いがけずそのすぐ近くで、新たなニーズが見出されることもあるということなのだろう。ニーズがなくなればステーションを廃止する一方で、必要としてくれる組合員がいるところならば、ためらうことなく新しいステーションを開設したり、巡回の回数を増やしていく。ハーツ便は、そんな〝フリーハンド〟が許されている、新しい供給のスタイルなのだ。

それでも、稼動当初から一貫して残っているステーションは、結局、かつて宅配の班があったところと重なることが多い、という話も聞いた。それはハーツ便のルートが、宅配のインフラを活用していることから考えれば当然の帰結なのかもしれないが、組織づくりを考えるうえで、非常に興味深い。

ハーツ便のステーションを丁寧に雪かきして待っていてくれる利用者

さて、その日向かった池田《いけだ》町までは、ハーツたけふから小一時間の行程だった。池田町は嶺北の、岐阜県揖斐《いび》郡揖斐川町と県境を接する、ちょうど象の口のあたりに位置する、自然の恵み豊かな山かいの町だ。

たしかに、ハーツたけふから池田町へと向かう途中、ほとんど対向車と行き合うことはなかったが、ハーツ便が走る道路の舗装はとても快適で、「福井県は、県政が充実しているのかしら」と羨《うらや》ましく思ったほどだった。さすが、「住みやすさ全国総合第一位」の県である。しかし、いつわりなく言えば、「ここは、そんなに不便な場所ではないのでは」という印象も持ってしまったのだが。

第1章でご紹介した、ハーツ便立ち上げのときのチーフで、現在は商品部に配属されている湯川利暁《ゆかわとしあき》さんは、

「ハーツ便を立ち上げるとき、僕らはかなり甘い見通しを持っていたんですよ。鳥取の〝あいきょうさん〟（**コラム参照**）の取り組みを見に行ったとき訊いたら、あちらは三〇万円ぐらい売り上げがあると言うじゃないですか。率直に言って、あいきょうさんは組合員の組織じゃないし、品揃《ぞろ》えもうちほどいいとは思わなかったんで、うちがやったらすぐ二〇万円はいくだろうって。

でも、あちらが活動するエリアは、本当に『限界集落』なんです。生活必需品を買うための選択肢が移動店舗しかない。だけど私たちのエリアは、やっぱりそこまで厳しくはな

いんですね。だから二〇万円という見通しは、かなり難しいことが分かってきました」と振り返る。

それでも、冬の嶺北は名にし負う豪雪地帯だ。池田町も町の全域が、国の「特別豪雪地帯」の指定を受けているように、人々のくらしは文字通り、深い積雪の中に隔絶されてしまう。だからハーツ便は、この地域の人々の大切なライフラインになっているのだろう。湯川さんによると、ハーツ便の到着を「今や遅し」と待ちわびる地域の人たちは、この季節、わざわざハーツ便のステーションを、丁寧に雪かきして待っていてくれるのだそうだ。そんなに地域の人たちから必要とされ、愛されているハーツ便。これは雪国の人ならではの心の温かさを感じさせる、ほのぼのとしたいい話だな、と思ったものだ。

取材から半年ほど経った二〇一一年一月から二月にかけて、奇《く》しくも福井県は記録的な豪雪に見舞われた。ある全国紙は、「福井の生協の宅配と移動店舗が中止になり、地域の人たちが非常に困っている」という趣旨の記事を書きたてたが、この話は裏を返せば、それだけハーツ便が、地域にとってなくてはならない存在になっている証拠、ということでもあろう。

むしろ、常勤理事の檜原弘樹《ひはらひろき》さんが、この新聞記事について、

「確かに一部分を取り上げれば、結果的にそういう対応になってしまったのは残念でし

た。でも、事前に分かる範囲内で、電話連絡による〝御用聞き〟や、配送を最後までやったことに対する、組合員からの感謝の声を多数いただいていることも事実です。商品が思うように入ってこないなか、遅れてでも組合員さんに商品をお届けしようとする、職員やメイト（パート）さんの使命感には脱帽しました。自分たちの家だって雪害に遭っているにもかかわらず、夜中まで配送し、翌朝はまた出勤してきて、最後まで組合員さんに商品をお届けする姿は、生協の理念そのものでしたね」と、熱っぽく語っていたことが忘れられない。

そういえば、取材時に会ったある利用者は、

「私の友達が東京の真ん中に住んでるんだけど、一人暮らしで足をけがしてるから、買い物に困っているのよ。そっちでもハーツ便をやってあげてよ」と訴えてこられた。〝買い物弱者〟というのは、必ずしもインフラなどの外的な環境によってのみ生まれるものではないということを、つくづく考えさせられた。

「限界集落」だけでなく、いわゆる「限界団地」など、都会で一人暮らしをする高齢者たちも、人知れずそんな不便をかこって生活している例は、たくさん存在しているようにも思う。

ハーツ便が地域の人たちの精神的な支柱となっている

一方、ハーツ便が担っている役割には、いわゆる物理的な意味での〝命〟を支えるライフラインに留まらない、言ってみれば、地域の人たちの〝精神的な支え〟としての側面もあるのではないだろうか。

前述したように、池田町の人たちは、生活必需品が地元で買えないからハーツ便で買っているというよりは、買い物をする楽しみを味わうために、それを利用している、という意味合いの方が大きいのではないだろうか。特に高齢者にとっては、移動店舗のステーションまでやってきて、商品を実際に見て、買って帰るという喜びが根底にあるのだろう。だから、ステーションとステーションの間の距離は基本的にとても短くて、車で追いかけなくても、高齢者が歩いて行ける範囲に設定されているのだ。それは、徒歩でしか店にやってこられない高齢者たちにとって、買物はとても身近な行為であり、何より社会参加の機会であるにもかかわらず、必ずしもその欲求は満たされていないということだろう。

例えば、

豊かな自然に恵まれた池田町。

「私の母もハーツ便を利用していて、大変喜んでいます。事前に連絡をすれば、必ず商品を用意してくれることに感謝していました。今は週一度、ハーツ便がくるのが楽しみだそうです」などという、ハーツ便が高齢になった親に喜びをもたらしてくれていることに対する感謝の声が、今は巡回エリアの外で暮らしている子どもたちから寄せられる、というようなこともあるのだ。

ステーションに停まるときには、まず音楽を流して、ハーツ便の到着を地域の人たちに知らせる。移動店舗車の滞留時間は、一回につき約三〇分。足元はと見れば、長靴を履いた高齢者たちが、さっそく集まってきた。

意外に若い人たちの姿も混じっている。小さな子どもの手を引いたお父さんとお母さんの家族連れは、幸せそうな笑顔でやってきて、「うちは宅配も利用していますが、ハーツ便が来ると子どもが喜ぶのでよく買い物に来ます。今日は仕事が休みだったので、みんなで来ました」と話した。

池田町は町の総面積の九〇パーセントが山地で、主な居住地域は、四囲の山々を見上げるような、標高一五〇〜二五〇メートル程度の谷間に散らばっている。だから、ハーツ便に集う人たちも必然的に顔なじみの人同士が多くなる。そんな集落で、ハーツ便の到着を心待ちにしていたはずの〝常連さん〟の顔が見えないときには、担当者が、わざわざその人の家まで様子を見に行くこともある。

もちろん、最初からそれを企図したわけではなかったのだろうが、結果としてハーツ便が、地域の高齢者の〝見守り〟の役割を担っているということだ。介護を受けている人の家では、ハーツ便の担当者が、訪問中のヘルパーさんに声を掛けることもあるようだ。

ステーションで自動可動式の車の側壁が外側に広がり車内に売場ができた

ハーツ便に使われている車は、三トン車と二トン車の二種類があるが、いずれも「移動

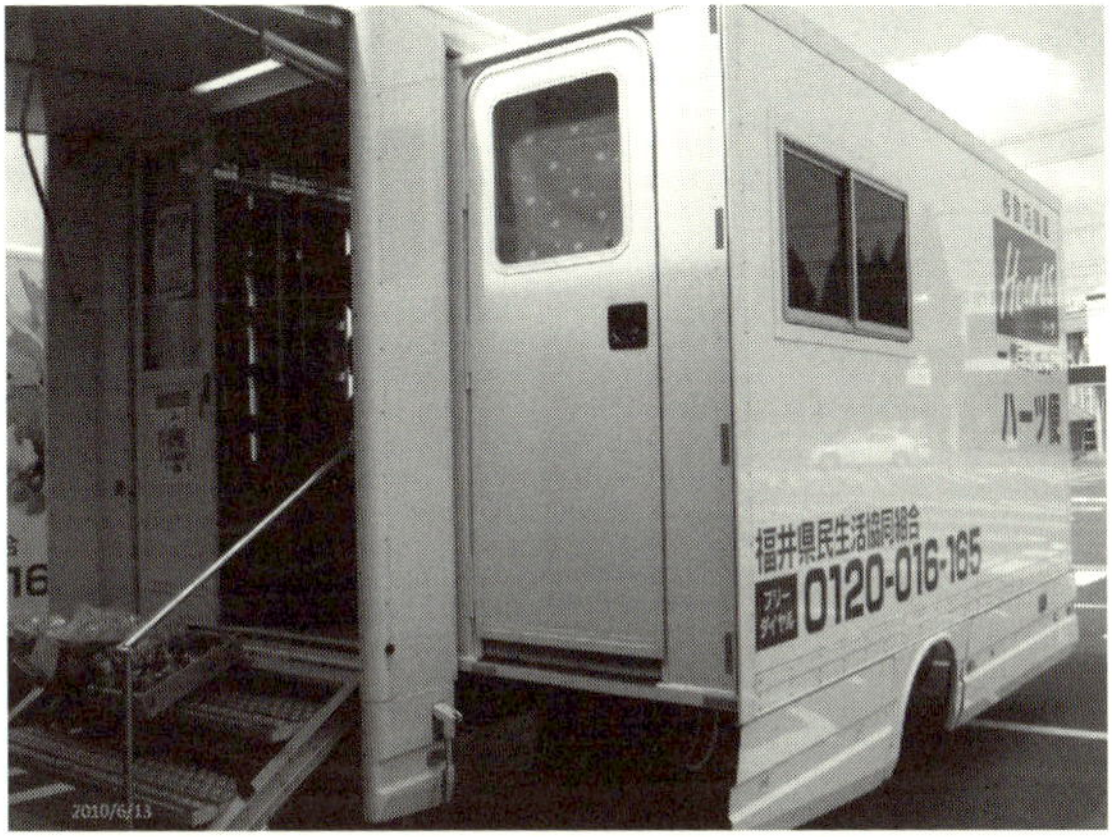

ハーツ便に使われている三トン車は、片方の側壁が外側に広がるように改造されている。

店舗」として利用するために改造されている。自動可動式の三トン車に乗せてもらったが、ステーションに停車するたびに、片方の側壁が外側に向かって広がり、車内中央には、来店客が買い物をするために通る、いわゆる〝主通路〟のスペースができた。来店客は、車両の後部から五段ほどのタラップを上って入ることになるのだが、車内は思いのほか広い。

主通路に向かって右側の、可動式の側壁が広がったスペースには、出入口近くにレジがあり、「菓子・パン」のゴンドラ一本、「食品」のゴンドラ三本、「雑貨・食品」のゴンドラ一本が、車体に対して垂直方向に連なっている。一方、車内の向かって左側は、側壁の内側に沿うように、「水産」「肉・日配」そして、「野菜・果物」のショーケースが並んでいた。

一方、二トン車の方は側壁が広がらないので、車体の前後と平行方向に、右側は三尺五段のゴンドラが三本、左側には、上段に「食品」を陳列する「生鮮ショーケース」と、肉・魚・日配の「生鮮ショーケース」が一本ずつという配置になっている。二トン車は、入口から見て一番奥まった運転席のすぐ後ろにレジがあり、その左側面に出口が設けられているので、買い物客の動線は、後方から左前側面へと、一方通行で流れるようになっていた。

ハーツ便の商品の部門構成比は①農産二〇パーセント、②水産一三パーセント、畜産一五パーセント、惣菜一四～一六パーセントほどで、生鮮の構成比が六四パーセント以上になっている。

なるほど山間の集落で、水産の商品への支持が高いのはよく分かるが、それは「ハーツ便が来る日は、おいしい刺し身が食べられる」と言って、思わず相好崩すような人もいるほどだった。五八〇円の刺し身のセットを予約して、毎週、買うという高齢者もおり、店の水産部門の担当者がその人向けに、そのとき旬の数種類の魚で、刺し身を二切れほどずつ盛り合わせ、ハーツ便で運んでいるそうだ。

水産の商品への支持とは対照的に、野菜はあまり売れないという話も聞いた。言うまでもなく、これらの地域が農産物の生産地であるからだろう。その代わり、バナナはよく売

三トン車の内部は思いのほか広く、小型店舗・ミニコープの店内を思わせる。

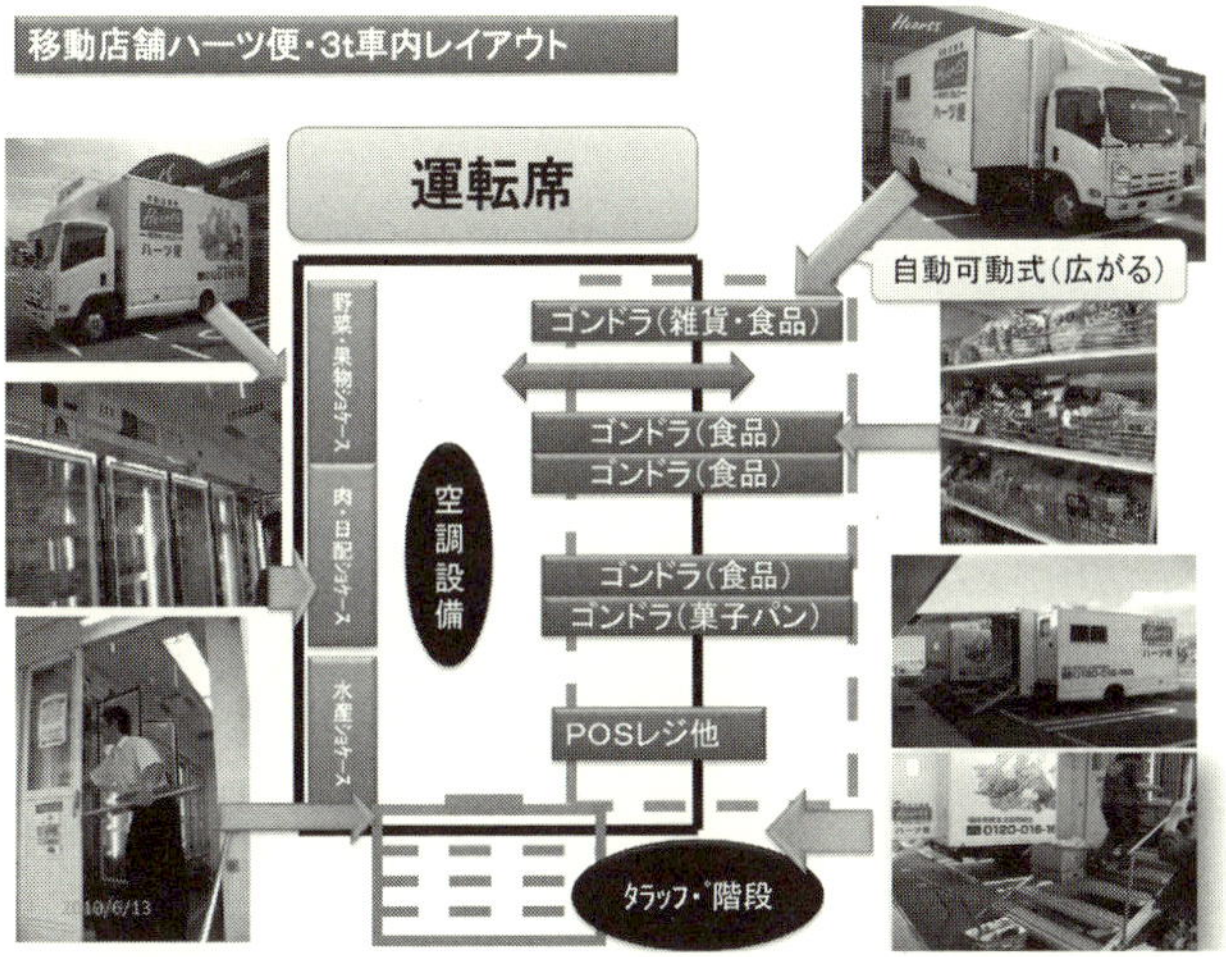

三トン車内部の売場レイアウト。

ハーツ便二トン車の内部。

二トン車は左前方の側面に出口があり、後方から一方通行の動線になっている。

れるので、たくさん積んでいくという。

一方、ハーツ便のなかには、海岸に近いエリアを巡回するルートもあり、こちらでは果物や野菜、焼き鳥などが〝売れ筋〟になっているという。

ちょっと値が張っても ちょっと珍しいものがよく売れる

商品は必ずしも、価格が安いことだけで支持されるとは限らない。その日、同行取材に協力してくれた担当者は、

「ごめんね。今日は一〇〇円のお菓子ばっかりなの。安いお菓子しかなくてごめんね」

と言って、来店してくれた組合員さんに、しきりと謝っていたのが興味深かった。

要は、ちょっと値が張っても、ちょっと珍しいものがよく売れるのだという。

ひところ〝白いタイヤキ〟が流行《はや》ったとき、ハーツ便に積んでいったら飛ぶように売れた、という話も聞いた。もちろんそうしたお菓子なら、若い人に頼めば、車で買ってきてくれるかもしれない。しかし、自分の足で行ける範囲の〝お店〟に出かけていって、自分自身で商品を見て、自分の手で商品を買えるということが、少し大げさな言い方をすれば、

地域の高齢者たちのくらしの喜びを支えているのではないかと思った。

夏のハーツ便に同乗してみて、もう一つ印象的だったのは、アイスクリームがよく売れていたことだ。さしもの豪雪地帯も、夏は正反対に、暑さがことのほか厳しい地域である。アイスクリームが食べたくなるというのはなるほど道理だが、それが結構ままならないのは、車で買いに行ってもらおうにも、帰り着くまでに溶けてしまう懸念があるからだ。

ハーツ便がこのエリアに行き着くまでに小一時間かかるということは、この地域の人たちが買い物をするためにも、同じだけ時間かかるわけだから、それは無理もない。そういえば、従来、往復二時間近くかけて買い物に出かけていたのが、ハーツ便のおかげでその負担が軽減され、休みの日をゆっくり過ごせるようになった、という話も耳にした。

補充する商品を積んだトラックが店から追いかけてきた

「ハーツ便が来る日は、おいしい刺し身が食べられる」という話からも分かるように、店舗としてのハーツ便にとって、商品の鮮度はきわめて大切だ。ハーツ便が原則として、そのエリアを一日中巡回しているということは、店舗にとって不可欠な商品の補充の問題や、いわゆるロス・コントロールの難しさもついてまわる。

同乗させてもらったハーツ便の場合、朝九時半頃ハーツたけふを出発して、エリアに着いたのは一〇時二〇分頃だったが、夕方までの巡回中に一回、商品を積んだトラックが、ハーツたけふから追いかけてきた。つまり、その日、売れ行きがよかった商品の補充にやってきたのだ。このトラックの役割には、商品の補充とは反対に、その日、売れ行きが鈍い商品を積め替えて、先に店に持ち帰るということもあるらしい。生鮮品などの場合には、そうした対応をすることで、未然にロスを防ぐことにもつながるからだ。

むしろ、ハーツ便の持ち味は、フレキシブルな機動力にこそあるとも言える。これまで述べてきたように、移動店舗ならではの〝売れ筋〟というものがやはりあるので、主にそうした商品を品揃《そろ》えして、組合員が待つエリアへと向かうわけだが、組合員から「来週、あれほしいんやけど」というリクエストを受ければ、その人一人だけのために、注文の〝商品を届ける〟こともごく普通に行われている。

ハーツ便が停車するステーション間の距離が短い理由の一つにも、たとえ一人でも〝必ず来てくれる〟利用者がいれば、そこに車を停めたほうがかえって効率的だという判断があるという。そういう一人だけのステーションの利用者は、比較的利用高が高いという結果も出ているようだ。一人だけだと、商品をゆっくり選んで買うことができるからかもしれない。いくら広いとは言っても、やはり、移動店舗車内部のスペースは限られているので、あまりに人数が増え過ぎると、互いが遠慮し合って、なかなか買い物に集中できないということもあろう。

だから、そのような利用人数が多くなったステーションを、敢《あ》えて二つに分けるというケースもあると聞いた。もとより、どういうコースを設定して、どこにステーションを設置するかの判断も、ハーツ便の担当者による裁量が大きいのだ。

生協からの〝ご馳走〟を届けるため特別のハーツ便を出すこともある

利用者からの注文を積極的に受ける取り組みは、担当者が自発的に〝御用聞き〟の電話をかけるようになったことから、ごく自然に定着していったという話も聞いた。現在では組合員の方から、欲しい商品を注文する電話がかかってくることも多くなったらしい。

担当者は巡回エリアの事情を知悉《ちしつ》しているから、地域のお祭り、紋日（旗日）の催しといった催事暦に通じていることが多い。そういう場面で利用される別注のオードブルの売り上げはかなりの額になるそうだから、催事を見逃さない担当者のアンテナの感度の良さが、チャンスロス防止にも一役買っているのだろう。

地域の高齢者にとっては、話し相手になってもらえるだけでも、ハーツ便への支持は絶大なものがあるようだ。この同乗取材中にも、息子や娘たちの話を長々としていかれる高齢者がおられ、その話に聞き入る担当者の姿が印象的だった。

過疎化が進んだこの地域から、外に移り住んだ息子や娘たちが、孫を連れて帰省した日には、「生協から〝ご馳走〟を届けてもらう」という利用者も多いらしく、その日のために、わざわざ特別のハーツ便を仕立てることすら実施しているそうだ。ここまで徹底して、組合員の視点に立った取り組みを実行しているのには、「あっぱれ！」というほかない。

小浜の宅配を利用していた組合員の、「（店舗の）ハーツつるがのミンチ（ひき肉）が食べたい」という希望が、ハーツ便を生むきっかけとなったわけだから、〝御用聞き〟の取り組みこそ、ハーツ便の原点であったのだろう。取材後、この〝御用聞き〟のシステムは新設されたコールセンターに集約されるようになり、さらに利用者の使い勝手が良くなっているそうだ。

ハーツ便を利用する組合員と生協との絶妙な関係を示す、興味深いエピソードを一つ紹介したい。それは、同乗取材時に実際に起こった話だ。

ハーツ便で特に利用の多い商品が、惣菜であることは前にも触れた。その日、ある組合員は、取材者が同乗したハーツ便に来店し、「揚げ白身魚の甘酢あんかけ」というラベルが張ってある商品を買って帰った。さっそく、昼食に食べようと思って開けてみたら、中身は「揚げ白身魚」ではなく、「揚げ鶏肉」だったという。製造の過程でラベルを張り間違えていたのだから、そうしたお申し出があれば、当然、クレームとして適切に処理すべき事案であろう。

しかし、その組合員が、その件でわざわざ店に電話してきてくれたのは、クレームとしてではなく「値段は変わらないし、食べたらとてもおいしかったから私はいいんだけど、他の人が間違えるといけないから、書き直した方がいいよ」ということを知らせるためだったった、というのだ。

取材者が同乗したハーツ便には、ハーツたけふからその件ですぐに連絡が入り、担当者の広富さんは、取材者が見ているその場で、さっそくラベルを書き換えて対応していた。

この話には多くのポイントがあるから、さまざまな意見があることだろう。ここでことの良し悪しを論じるつもりはないが、何より「面白いなあ」と感心したのは、その連携プレーの見事さであり、生協も組合員も、〝組合員のため〟という共通の目的の下、同じベクトルで行動している、ということだった。

ハーツ便の担当者には小売業の〝修業の場〟が与えられる

とは言うものの、組合員との深い関係性は、言葉にして知らせてくれる、このような〝直球の〟コミュニケーションばかりとは限らない。

前述したように、ハーツ便の品揃《ぞろ》えは詰まるところ、担当者が利用者に訊くことで決めていったのだが、「どんな商品がほしいですか？」とストレートに訊いたとしても、組合員の答えも単純明快に、とはいかない場合も多いのだ。例えば、ハーツ便の利用者に人気の刺し身の希望を訊き、「ヒラメ、今度持ってきてよ」という返事が返ってきたのなら何も迷うことはないのだが、往々にして利用者は、ぼそぼそと口ごもりながら、「白身魚なんかもいいけど……」などと、小声で遠慮がちに希望を伝えてくれたりするのだ。

そうした組合員の、曖昧だがほんとうはとても大切なメッセージを、担当者は感度よく推し量り、店の水産部門の担当者に伝える努力をすることになる。その結果、その人の希望にほんとうに沿うものであったかどうかと訝《いぶか》りながらも、商品を車に積んで組合員のもとへと向かい、顔色を見ながらその成否を判断するというやり取りが、商売の妙味と言えば言えるかもしれない。

ハーツ便が店に帰ってくれば、水産の担当者が「どうだった?」と待ち構えていて、結果として「どうも、あれで良かったようだよ」と伝えられれば「一件落着」となるような試行錯誤の繰り返し。それが、来る日も来る日も続くことがある。

これは言ってみれば、小売業の〝修業の場〟のようなもので、ハーツ便を教育的な視点で捉えている福井県民生協の方針も、なるほどとうなずける。

ハーツ便には、基本的に宅配の担当者だった人が配属される場合が多いというが、ハーツ便の担当に選ばれると、一か月の研修を受けることになる。原則として、店の全部門の仕事を一通り経験してもらうのだ。もちろん、限られた期間のことだから、仕事の隅々にまで精通する、というところまではなかなかいかないだろう。けれども、一通りその部門の仕事が分かって、その部門の人たちと顔つなぎができるということが大切なのだ。この経験によって、ハーツ便の利用者の希望を、その人が部門の担当者に、うまく伝えられるようにもなるからだ。

また、ハーツ便の担当者としての経験を、店の仕事にフィードバックできる〝学びの機会〟となることも事実だ。そのため、店の担当者もほとんどの人が、ハーツ便に同乗する経験を持つようになったという。

事業ネットワーク商品事業本部執行役員の中川政弘《なかがわまさひろ》さんは、「『そんなことしなくていいから、自分の仕事してよ』って言うんですけれどねえ」と話すが、特に「乗るな」とも「乗れ」とも指示はしていないようだ。最初に同乗したのは店長だったそうで、「どれ、乗ってみるかな」と先鞭《せんべん》を付けたことから、店の担当者が順番に同乗する道ができたらしい。

現在も、店の担当者がハーツ便に同乗することは、店長の判断に委ねられているようだ。

ハーツ便の教育機会としての効果を期待して、担当者には敢えてベテランと新人を配置するということも行われているようだ。ハーツ便の車両には、三トン車と二トン車があるから、ベテランには三トン車を担当させ、新人には二トン車をぽんと任せる、というような話も聞いた。

ハーツ便の担当者は、組合員対応もするし、発注からロス・コントロールまで、すべてを自分ひとりでやらなければならない。それゆえ、言ってみれば生協の仕事の〝縮図〟を経験することができるのだ。

むしろ、若くてフレッシュな新人が担当すると、そのハーツ便の供給が上がる、という話もある。

前出の湯川利暁さんは、

「新人の担当者が休んだときは、ベテランの担当者がハーツ便の業務を代行するんですが、その日は供給高が、いつもより確実に二万円ほど下がりますね。そうすると、後になって、普段の新人の担当者に怒られるんです。ベテランのほうは、『怒るんだったら休まんといて！』と言うんですが……」と言って苦笑した。

移動店舗は、CSRを体現する挑戦として発展する可能性を秘めている

最後に、移動店舗ハーツ便に対する福井県民生協の総代の人たちの声を紹介したい。

「移動店舗のことをテレビで観て、生協ってこういう活動もしているんだと感動しました。利益追求だけでなく、人のために活動していることが素晴らしいと思いました。第八次中期計画では、（移動店舗車の）台数を増やして取り組まれるとのこと、応援していきます！」

「ハーツ便やお買い物バスは、生協オリジナルでとてもいいサービスだと思います。宅配も便利ですが、自分で選ぶ買い物も楽しいですし、お店で楽しそうに買い物をしている利用者の方を見ると、こちらまでうれしい気持ちになります。ぜひ、これからも継続してほしいと思います」

「消費者として、安全・安心な野菜を提供していただきたいとの思いのなかで、例えば、移動店舗などで出かける山間地でつくっている〝土のついた野菜〟なども、逆に持って帰ってきて、市内の店舗で販売してくれるとうれしいと思います」

福井県民生協の移動店舗・ハーツ便の取り組みは、いわゆる、企業や協同組合も含まれる組織・団体に求められるCSR（Corpolate Social Responsibility　企業の社会的責任）を体現する挑戦としても、ますます発展していく可能性を秘めているのではないだろうか。

コラム

移動店舗は最後のお客さまにまで供給できる仕組み

福井県民生協が、あらたな供給のイノベーションとして取り組みだしたハーツ便には、生協の理念を持ち続けながら事業を展開している、いわば〝お手本〟とも言うべき、先行事例が存在していた。それが、鳥取県で移動店舗の取り組みを継続している、㈲安達商事の活動だ。

代表取締役の安《あ》達《だち》享《きょう》司《じ》さんに、移動店舗にかける思いを聞いた。

鳥取県の、高齢化率が四〇パーセント以上というような地域で、移動販売をやっております。

鳥取県の西部には、昔、鳥取西部生協があったのですが、私はその職員（商品部課長）でした。

あの頃、灘《なだ》神戸生協（当時。現コープこうべ）の高村専務（当時。勲《いさお》氏）に何回かお会いしたものですが、お伺いした住吉《すみよし》店には、「一人は万人のために、万人は一人のために」という看板が掲げられていたことを、今でもよく覚えています。

鳥取西部生協は昭和六〇（一九八五）年に倒産してしまいましたが、地域の方からは、その後も、なんとか生協の活動、供給事業を続けてほしいという声が上がりました。私も〝生協〟を続けたい、という気持ちを持っていましたから、それを一部引き継ぐ形で、平成二（一九九〇）年に会社を起こしました。だから、私の名前の頭文字と、「せいきょう」の頭の一文字を〝あ〟に代えた名前とを掛けて、店の名前（屋号）を「あいきょう」としたのです。

生協が倒産したときには店を一つだけ残し、あとは全部売却されましたが、その残った一店舗と、さらに平成一六（二〇〇四）年には、閉鎖したＪＡのお店も、私たちの会社が引き継ぐことになりました。私のところのような小さい会社が、これらの店を引き継ぐのはしんどいと思ったのですが、職員の〝やる気〟に満ちた目を見たら「これはやるしかないだろう」と思いました。それでもやはり、大型店舗が出店してくるなかで、このままの店舗事業を続けていては駄目になると思いましたね。

それで私は、お客さんに来てもらえないなら、こちらから行くしかないだろうと考えたのです。特に、高齢化した、移動手段を持たない人たちのところには、移動店舗しかないだろう、ということで、平成五（一九九三）年から、一方で一般の店舗事業を行いながら、移動店舗による取り組みも始めました。こうした取り組みのなかで、移動店舗のほうも、アイテムも増やしていかないと喜んでいただけないと考えて、徐々に拡大していきました。移動店舗の車も、オオシマ自工株式会社という会社の社長と協力して作り上げ、現在に至っています。

私が生協のOBということもありましたから、そうしたご縁で、福井県民生協の中川さん（政弘氏。現、事業ネットワーク商品事業本部執行役員）が飛んでこられまして、私たちの移動店舗をご覧になりました。私は、

「福井の生協さんだったら、絶対、成功しますよ」と申しました。

実を言いますと、私たちの移動店舗には、いろいろなところから研修に来られましたけれど、それらの人たちの中でも、中川さんは全然、目つきが違っていたからです。

私は、商売というものは、人と〝相対《あいたい》〟して、初めて「商売」になるのだと思います。〝相対〟というのは、お客さんの目線に立って、「お互いに向かい合う」ということです。当然、そこには、人と人との関《かか》わりもできるし、結びつきもできてきます。この移動販売というのは、ある意味で昔ながらの商売ですが、だからこそ、生き残っていく商法なのだろうと思っています。

例えば、おととし、イオンの方が視察に見えましたが、私たちは小さな会社ですから、最初は、電話をしてきた方一人だけが、私に名刺をくださったのです。

「どうぞ自由に見てください」と私が言ったものですから、皆さんで移動店舗をご覧になったのですが、夕方、六人で戻って来られたときには、皆さん一列に並ばれて、「社長、申し訳ありませんでした」と言われ、全員が名刺をくださいました。「商売の原点を見させていただきました。ありがとうございました」とも言われていましたね。

また、かつて日本でも有数と言われた商社の関連会社の方が見えたときも、「社長、やっぱり、ビジネスだけではだめですね。地域に貢献していかないと」とおっしゃる。「地域に貢献して初めて、真の企業と言えるんじゃないですか」と言うんですよ。

移動販売というのは、これからの高齢社会に向けて、組合員のために、消費者のために、どのような形をつくるかの一つのモデルだと思います。私がやっているから言うわけではありませんが、移動店舗車というのは、生き残るための一つの手段、商法だと思うんです。

私たちは現在、一般的な店舗を四店舗と、コンビニを一店舗運営していますが、移動店舗車では、〝サテライト〟的な商法を実践しています。移動店舗というのは、どうしても物量が限られていますから、一般の店舗でうまく補給をしながら、最後のお客さまにまで、供給できる仕組みを考えていかなければなりません。

移動店舗による中山間地の「見守り」とか、私が最初に始めたみたいな言い方をされていますが、こういうことは、皆さん、他にも全国でやっておられると思いますよ。（談）

㈲安達商事　代表取締役
安達享司さん

第5章

高齢者福祉という新しい地平――そして、被災地へ

生協は「いのち」を育てる人としての営みに貢献してきた

二〇〇四年四月、福井県民生協の第一号店ハーツ羽水《うすい》に、子育てサポート「ハーツきっず羽水」がオープンした。第2章で述べたNPO法人「きらきらくらぶ」や、行政との協働のもと活動を開始したこの子育て支援事業について、当時、同生協の福祉事業部子育て支援グループ課長だった堀内守《ほりうちまもる》さんは、インタビューに答えて、次のように語っている。

「NPO法人『きらきらくらぶ』代表の林氏に子育て支援事業の顧問となっていただいて、きらきらさんが展開しているお母さんたちからのニーズも高い、二、三歳児の曜日別保育を次年度から展開する準備をしていきます。独自で採算が合う事業にするためにはとてもハードルが高いと考えています。しかし行政との協働をはかり、行政にはできないハードルを生協がして、お互いにおぎないあっていくなかで、採算が合う事業に育てていきたいと思っています」「行政との折衝などの場面では、あちらも生協のことはよく知らないので、説明をする場面があったりと難しいこともあるんですが、自分がしてきたこれまでの仕事とはまったく違う領域なのでおもしろいです。毎日いろいろなことが起きますしね。

来てくれた若い人たちに喜んでもらえるような場にもしていきたいです」

〔永井雅子《ながいまさこ》『生協ってなんだろう？　27人が語る生協で働きつづける理由《わけ》』（コープ出版）〕

この発言から読み取れるのは、事業ネットワークの取り組みによって、新たな段階へと一歩を踏み出した福井県民生協にとって、次なるネットワークを構築する分野は、生協の枠組みに留まらない、組織外のＮＰＯや行政とのコラボレーションだったということにならないだろうか。そして、そのような「まったく違う領域」に取り組む担当者が「おもしろい」と感じていることも、「職員満足」という、福井県民生協が追求してきたテーマを考え合わせると、非常に興味深いことだ。

もとより、子育て支援事業は、同生協が目指す「組合員満足」を実現するために、決して避けては通れない組合員のニーズ、そして、そうした組合員たちが暮らすコミュニティ、地域のニーズに他ならなかった。そして、「子育て支援」は、日本の社会が今直面している、「少子化」という課題に対する一つの処方箋でもあったはずなのだ。こうした「子育て支援」のニーズに応えることは、今日的な文脈でとらえ直せば、生協を含むさまざまな組織に求められる、ＣＳＲ（Corpolate Social Responsibility　企業の社会的責任）の取り組みということにもなるに違いない。

少子化に、歯止めがかかる気配はありません。日本の人口が減少し始めるときが目の前に迫っています。待ったなし。次世代育成支援は急務です。生協もより生協らしい役割を求められることでしょう。

時代が求める新たな領域での新たな事業展開。採算の合う事業にしていくのは困難だと思います。しかし堀内さんは言いました。「育てていきたい」と。

そこには、生協がその誕生のときから、「いのち」を育てる人としての営みに貢献する事業であったという歴史的な事実と、そのために力を尽くしたいという生協職員の遺伝子が引き継がれているように感じました。福井の挑戦が、より生協の子育て支援に、活動、事業を問わず、厚みを増していくきっかけになるような予感を与えてくれています。

〔永井雅子・前掲書〕

二〇〇六年に発行された同書の中で、著者の永井氏が〝福井発の挑戦〟から改めて想起している「生協がその誕生のときから、『いのち』を育てる人としての営みに貢献する事業であったという歴史的な事実と、そのために力を尽くしたいという生協職員の遺伝子」について、次節以降で振り返ってみたい。

一九世紀のイギリスで産声を上げた協同組合運動

周知のとおり、世界で最初の協同組合運動は、イギリスの工業都市マンチェスターの北東にある、ロッチデールという小さな町で産声を上げたと言われている。それは一八四四年というから、日本はまだ幕末の頃で、アメリカ合衆国のペリー提督による〝黒船来航〟の九年前。「間宮《まみや》海峡」にその名を残す探険家の間宮林蔵《りんぞう》が六九歳で没し、一説によれば、後の新撰組《しんせんぐみ》一番組長、沖田総司《おきたそうじ》がこの世に生を享けた年に当たる。

一九世紀のイギリスでは、すでに産業革命によって機械制工業が成立し、工業生産が飛躍的に増大していた。その過程で、生産手段を持っている資本家と、雇用されて賃金を得る労働者という、二つの階級からなる資本主義の生産様式が確立されつつあった。

工場で働く労働者は、非常に低い賃金で長時間労働を強いられ、常に失業の不安にさらされていた。かれらは一様に、都市で生まれた子どものほぼ半数が五歳前に死亡するという、薄暗く不健康な住宅に住み、石灰石などの混ぜ物の入った劣悪な商品を高い価格で売りつけられ、惨めな生活の中で未来にたいして明るい希望を持つこともできなかった（日本生活協同組合連合会編著『新版　生協ハンドブック』)。

このような状況は、現代ならさしずめ、開発途上国などで強制労働や児童労働、低賃金労働、長時間労働、さらにはセクシュアル・ハラスメントなどの実態が問題とされている、いわゆる「スウェットショップ」のような環境であり、それがとりもなおさず、産業革命期のイギリスでもあったということだ。

そうした背景の下、ロッチデールのフランネル工場の織物工など二八人が、「ロッチデール公正開拓者組合」を設立した。これが、世界最古の協同組合とされるものだ。

ロッチデール公正開拓者組合の組合員たちは、一年かかってようやく一人一ポンドを積み立て、それを元手に店舗を借り、小麦粉、バター、砂糖、オートミール、ろうそくを仕入れて、彼らの店を開店させた。その店に並べることができた商品はわずかなものだったが、彼らが積み立てた一ポンドは、当時の労働者の三週間分の賃金に相当する額だったというから、そうでなくてもつましい生活をさらに切り詰めて捻出した、血と汗の結晶とも言うべき出資金だったことだろう。

それでもロッチデールの先人たちは、自らのくらし、そして「いのち」を育てるために、協同組合という仕組みを生み出したのだった。そして、ロッチデールに撒《ま》かれた協同組合の一粒の種は、イギリスからフランスやドイツなどのヨーロッパ諸国、そして、アメリカへと広がり、さらにはアジア、アフリカなど、世界中へと広がっていった。

ロッチデール公正開拓者組合に学び、日本で最初の生活協同組合（生協）が生まれたのは、一八七九（明治一二）年のことだった。東京の共立商社と同益社、大阪の大阪共立商店がそれである。翌一九八〇年には、神戸商議社共立商店も設立されている。

日本における、いわゆる市民型生協の嚆矢《こうし》となったのは、一九一九（大正八）年に設立された東京の家庭購買組合、そして、一九二一（大正一〇）年に設立された神戸消費組合と灘購買組合で、後二者は第二次世界大戦後合併し、現在もコープこうべとして存続している（斎藤嘉璋《さいとうよしあき》『〈改訂新版〉現代日本生協運動小誌』（コープ出版））。

力をあわせて自分を守っていくためにできた「共同購入家庭班第一号」

福井県民生協の設立総会は一九七七年九月に開かれ、共同購入（宅配）事業を開始したのは、翌一九七八年五月のことだった。しかし、同生協は、その前身の福井労済生協時代の一九七一年五月、すでに物資部を発足させ、購買事業に着手している。

福井県民生協が発足三〇周年を記念して、二〇〇七年に発行した『30周年のあゆみ』という冊子の冒頭には、同生協の「共同購入家庭班第一号」について、次のような興味深い記事が掲載されている。

現在、12万人にのぼる組合員数となった福井県民生協。その始まりとなる共同購入家庭班の第1号は、1972年、福井市の川西《かわにし》地区で生まれました。その発起人となったのが、川西地区水切《みずきり》に住む田行恵美子《たぎょうえみこ》さんです。

「生協を知ったきっかけは一枚のチラシでした。『物価値上げに反対しましょう』という内容で、当時の労働金庫のビルの一角にあった生協の事務所を訪ね、詳しい内容を聞いたんです」子どもも大きくなって手を離れていたこともあり、田行さんは婦人会のグループみんなに詳細を説明し、1人100円の出資金を集めて共同購入の仲間づくりをすすめていきました。夜も川西地区の家々を一軒ずつ訪ねて、思いを伝え説明しながら。「物価高のなかで私たちにできることといえば、力をあわせて自分を守っていくことだったんですよ」と振り返る田行さん。そうして水切地区25人で『泉会』という家庭班を結成すると、その名の通り泉の水が湧くように仲間が増え、生協を通して市価より安い牛乳や卵をグループで購入していったそうです。

その後も、田行さんは共同購入の輪を広げる一方で、川西地区でじゃがいもを作る生産者として生協の産直活動にも参加。現在も川西生産組合の一員として、生協に産直のじゃがいもを出荷しています。水切地区の共同購入班も途絶えることなく、今もグループ購入を継続中。発足当時のメンバーから二代目、三代目にあたる若い母親たちが、生協の商品をみんなで分け合っています。（中略）「これからも根気強く、あきらめずに、安全性を守っていってほしいですね」と生協への思いを語る田行さん。見返りや報酬などを求めず、無償の精神で家庭と地域の食の安全を願い続けてきた田行さんの歴史は、そのまま福井県民生協の活動の歩みでもあるようでした。

〔『30周年のあゆみ』福井県民生協〕

田行さんが言う、「力をあわせて自分を守っていく」ことは、紛れもなく「一人は万人のために、万人は一人のために」という協同組合の精神そのものだった。そうした組合員の結集した思いに支えられ、双方向のベクトルのもと、職員がその組合員の思いを感度よくキャッチして活動や事業を行ってきたところに、「福井県民生協の活動の歩み」があったということだ。

地域の特徴を見据えて
〝在宅〟から始まった高齢者福祉事業

第4章のハーツ便の取り組みでも触れたように、日本の社会の「少子化」とパラレルな関係になっているのは、「高齢社会」にいかに応えていくか、というきわめて今日的な課題だ。

この課題は緊要であるにもかかわらず、福井県民生協が、現在、事業ネットワークを構成する柱として位置づけている福祉事業、分けても子育て支援や高齢者介護に積極果敢に取り組みだした二〇〇〇年当初は、まだ多くの組合員から、「なぜ生協が福祉事業を進めるの？」という声も聞かれたという。

しかし、すでに何度も述べてきているように、全国に先駆けるようにして「少子高齢化」が急ピッチで進む福井県において、それは焦眉《しょうび》の急ともいえる課題だったのだ。福井県は人口が約八〇万人だが、すでに二〇〇二年から、それはずっと減少曲線に転じており、高齢者比率は二四パーセントに達している。これは大体、〝全国の五年先をいっている〟と言われることもある数字だ。七五歳以上のいわゆる「後期高齢者」の比率も、全国平均に比べると高い。

こうした状況のもと、福井県民生協では、「食の安全とくらしの安心で組合員へのお役立ち」という使命を全うするためにも、〝食〟と〝福祉〟の二つの事業を柱として、生協だからこそできる福祉事業の充実に取り組んできた。

ただ、ここで思い起こしてほしいのは、福井県の人口対比で医療が高い水準を実現しているというデータだ。これを言い換えれば、福井県には〝元気なお年寄り〟が多い、ということが言えるかもしれない。

それでも福井県は、特別養護老人ホームや、介護サービスが非常に整備されている。全国的には、そうしたサービスを必要としている人の当該人口に対して、その三七パーセントのニーズに応えられるようにしようという目標があるのだが、福井県はすでにその目標を達成し、四〇パーセントを超えてからも久しいほどなのだ。

それは前述のとおり、福井県の共稼ぎ率が全国でトップという事実と関係があるかもしれない。つまり、高齢者に介護が必要となったとき、在宅ケアより、施設介護をと考える人が多いのではないか、という特徴が指摘されている。とはいうものの、入所型の高齢者施設に関しては、年間三〇〇人ぐらいずつ〝待機〟があるというのも事実だ。さらには、介護保険法が制定されて、在宅ケアを強めていくという国の方針が明らかにされたことを受け、福井県民生協は、高齢者福祉事業を「〝在宅〟から始めよう」ということになった。

地域密着型の〝二四時間三六五日支援〟介護事業

高齢者介護のための拠点は、二〇一一年四月現在、九か所にまで広がっている。

主な事業は訪問介護や、いわゆる〝通い型〟の通所事業で、小規模多機能居宅介護施設による、地域密着型の〝二四時間三六五日支援〟の介護事業を二〇〇七年から行っている。現在、同生協が運営する小規模多機能居宅介護施設は五か所ある。さらには、介護用具のレンタルやヘルパー養成講座、訪問介護事業の補完事業として、介護タクシー一台を保有して、サービスを提供している。

経営的にはいまだしというが、それでも二〇〇九年度の段階で約六〇〇〇万円の黒字、さらに二〇一〇年度には、九〇〇〇万円ほどの経常黒字になっている。

高齢者介護のサービスは、県内全域に拠点を構えると共に、一つの事業所で複数の事業を担うことで、組合員にとってのサービス選択の幅を広げることが企図されている。これは事業的に見ても、一か所で一事業だけ行うと、その分よけいにかかってしまうコストを、一つの事業所で複数の事業をすることで、共通のコスト、間接コストを圧縮することにつながるのだという。

また、人材育成の観点から見ると、介護事業は小売とは職種がまったく異なるので、その考え方も大きく違う。現在、この事業には二六〇人ほどのスタッフが従事しているが、それぞれが「もっと自分自身が成長したい」という思いを強く持っているなかで、事業が一つだけで選択の幅がないようでは、そうした意欲に応えきれないのではないか、という話も聞いた。

サービスの幅を持った生協の福祉事業を経験した担当者なら、将来的にさまざまな事業に、フレキシブルにかかわり得るメリットが生まれるかもしれない。それは生協としての事業に留まらず、例えば現在、ヘルパーをやっている人が、施設型の介護職に就きたいとか、小規模多機能居宅介護施設やグループホーム、あるいは、ケアマネジャーになってやってみたいなどという場合にも、そういう枠が用意されているので、〝人を育てる〟という面での環境も整いつつあるということだ。

福井県民生協の高齢者福祉事業の前身は、一九九九年に活動を始めた「くらしの助け合い活動」だった。それは、高齢者や乳幼児を持つ家庭での家事援助や子守など、組合員同士で助け合う有償ボランティア活動組織としての活動だった。「くらしの助け合い活動」

は、今でも介護保険の適用を受けない〝助け合い活動〟を行う組合員の組織として、福井県民生協の福祉事業と連携している。

「くらしの助け合い活動」が、高齢者福祉に取り組みだしたのは、当時から、急速な高齢化の進展が課題となっていた福井県で、福井県民生協が掲げる理念「組合員の満足と、地域社会のために」を実現させるためには、高齢者事業が必要不可欠だという想いがあったからだ。また、同じ年に行ったヘルパー養成研修は、定員の三倍以上の応募が殺到するほどの人気ぶりで、〝高齢者介護の必要性〟を実感していたということも具体的な事業開始のきっかけとなった。

その一方でこの時点では、介護保険制度開始を二〇〇〇年に控え、国の介護事業の施策も、まだ手探りの状態だった。

「いつでも頼りになる生協介護」に組合員と共に取り組む

実は、「くらしの助け合い活動」に先立つ一九九八年にはすでに、福井県民生協は「福祉宅配」をスタートし、「ふれあい便」というネーミングで、身体障がい者や六五歳以上の買い物に不自由している組合員を対象に、手数料無料の個人宅配を始めている。そして二〇〇〇年、介護保険制度がスタートしたことをきっかけに、福井県民生協の高齢者福祉事業も、新たなスタートを切ったということだ。

ヘルパーによる訪問介護事業のほか、二〇〇三年に、デイサービス一号館「羽水きらめきデイサービス」をオープンした。二〇〇四年には、坂井《さかい》市や奥越《おくえつ》エリアにも訪問介護事務所をオープンし、二〇〇五年には越前《えちぜん》市に多機能型デイサービス二号館「丹南《たんなん》きらめきデイサービス」をオープンした。

これにより、実質的には嶺北《れいほく》一円での福祉事業展開が実現したのだ。二〇〇六年には小《お》浜《ばま》市で「ホームヘルプサービス若狭《わかさ》」を開始し、事業エリアが県内一円まで広がった。これらの施設は各地域の状況を踏まえた〝地域密着〟型の事業を行っているのが特徴になっている。

例えば、小規模多機能居宅介護の事業展開では、二か月に一回、家族の代表や自治会の福祉担当者、町内会長、行政の福祉担当者、介護保険課職員、そして、地域包括支援センターの職員などに集まってもらい、福井県民生協がどういう活動をしていて、利用者が何人いるかというような情報を共有し、それぞれの連携のもとで取り組みを進めている。

また、利用者の家族会では、認知症の高齢者を抱える家族同士で、その悩みを打ち明け合ったり、実際にデイサービスで提供している食事を試食してもらうなどして、相互の理解を深めている。ちなみに、いささか蛇足ながら、こうした高齢者福祉事業で提供される食事に、福井県民生協の店舗や宅配で供給される食材が用いられているのは言うまでもない。

このように書いてみると、確かに着実に拡大している福祉事業ではあるのだが、その道のりは決して平坦なものではなかったようだ。

例えば、事業がスタートした当初から高齢者福祉事業に携わり、現在福祉事業部の係長を務める奥田昌己《おくだまさみ》さんは、

「事業スタート時、訪問介護の利用人数は、本当に少なく、一か月に一～二名程度しか増えない状況でした。事業を開始したばかりの生協に、大切な家族の介護を任せるのには抵抗があったのかもしれません。その後、地域への案内や、年間通じて途切れることのないサービス提供、ご家族や居宅支援事業所との信頼関係を築くことを組合員の参画により進めることができました。現在では、毎月三〇名以上の新規依頼を受けるまでとなり、地域にもようやく浸透してきたと感じております。今後さらに、利用者に対しての『暮らしの中での安心提案』や、『利用者の家族会』、他事業との連携・共有をさらに前進させ、『いつでも頼りになる生協介護』へと組合員と職員が共に取り組んでいかなければならな

い、と自分を鼓舞していきます」と語っている。

地域代表者の助言や提案を生かしていくことが必要

これからの介護事業は、より地域に密着した展開と、介護そのものを予防する取り組みが必要となる。二〇〇六年にはその第一歩として、前述の「通い」「訪問」「泊まり」を組み合わせることで、途切れない介護サービスを実現する小規模多機能居宅介護と共に、予防介護に重点を置いた「予防通所介護」も新たな介護サービスとして始められている。

さらに、二〇〇七年には、大野《おおの》市に「大野きらめき」、そして、福井市宝永《ほうえい》に「宝永きらめき」を開設した。これらの地域に密着した介護サービスは、今後ますます需要が高まることが予想される。そして、そうしたサービスを地域から親しまれ支持される事業に導くには、地域代表者の助言や提案を生かしていくことが必要だ。介護サービスの地域社会での定着は、組合員の助力があってはじめて実現が可能になるだろう。

前述のように、福井県民生協が、このような高齢者介護事業に参入するようになった背景には、二〇〇〇年に介護保険法がスタートしたことが挙げられ、これが大きなターニング・ポイントになった。言うまでもなく、介護の分野に、それまでの社会福祉法人や医療法人に限らない、生協や民間の企業の参入が可能になったからだ。

福井県民生協では、二〇〇〇年から二〇〇四年までの第六次中期計画策定に当たって、組合員八、〇〇〇人を対象とした「二一世紀に向けて、生協に期待することは何ですか?」というアンケートを行っている。このときの回答の内容を分析すると、大きく次の四つに括ることができるという。

一つめは「食の安全・安心」。これは、生協設立のときからの基本的な課題と言えるものだが、これは引き続き追求してほしいという回答が多数を占めた。そして二つめは、当時まだ店舗が、ハーツ羽水とハーツさばえの二店舗しかなかったので、「うちの近くにも、早くお店をつくってほしい」という要望。三つめが、「環境にもっと力を入れてほしい」。そしてもう一つは、自分たち組合員も、だんだん年を取ると不安が募るので、介護などの事業を生協が担うことはできないだろうか、というものだったという。つまり、「なぜ生協が福祉事業を進めるの?」という声が聞かれる一方で、組合員のニーズとしての「高齢者福祉事業」は、このときしっかりと受け止められていたことになる。

福井県民生協が、組合員から求められている役割は、「食の安全・安心」と共に、全体としての「くらしの安全・安心」というニーズが大きいことが分かった。この組合員の声

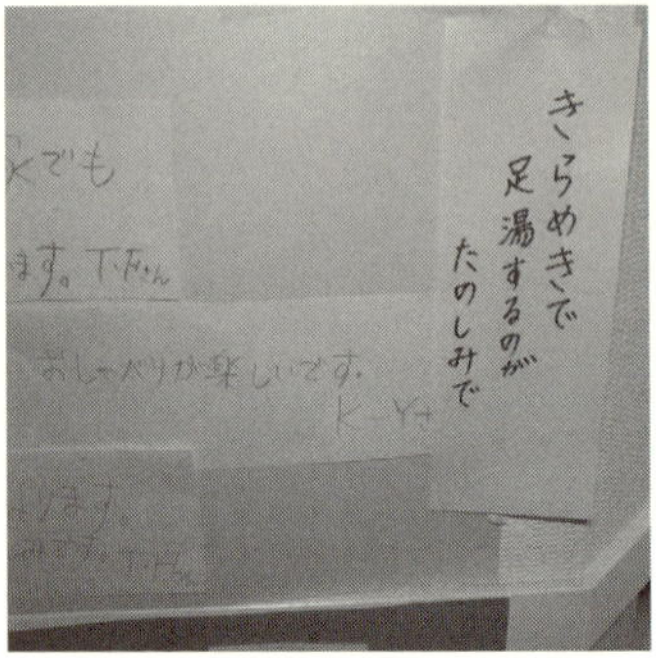

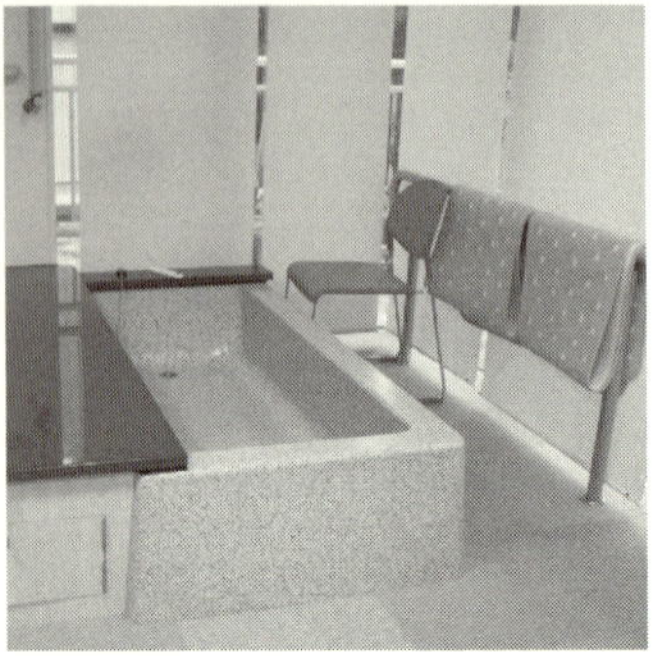

福井県民生協が2007年に開設した高齢者福祉施設の「宝永きらめき」（福井市）。左下の写真は利用者の声。

を追い風として、福井県民生協はこのとき、まさしく二一世紀という大海原に向けて、大きな舵《かじ》を切ることになった。

単なる〝取り次ぎ〟として受けるのではなく、そこで完結させる

事業ネットワークによって、組合員の、そして地域の、全体としての「くらしの安全・安心」のための〝お役立ち〟は、そのベースになる顧客情報（組合員情報）を、事業部別にホストコンピューターを持って管理していたのでは到底実現できない。そこで福井県民生協では、これらの顧客情報（組合員情報）のデータを統合させて、一元管理するシステムをつくり、配送担当者であろうが、店舗のカウンターコーナーの職員であろうが、その組合員の画面を開けば、この人は「宅配」を利用しているとか、出資金はいくらで、過去にこういう〝お申し出〟があったとか、すべての情報が分かったうえで対応できるようなインフラを整備することを始めた。

このような仕組みをつくると共に、コールセンターも立ち上げて、すべての問い合わせを、一元的にコールセンターで受け止める体制も整った。つまりそれは、全体としての

「くらしの安全・安心」を、単なる〝取り次ぎ〟として受けるのではなく、そこで完結させることができるように一元化するという取り組みなのだ。

もちろん、情報の集積と対応を、すべて完結させるための取り組みは、一朝一夕に実現できるものではないだろう。それでも、まずできることから始めるべく、未来の完成形を思い描きながら、試行錯誤が始まっているのだ。それは例えば、誰から問い合わせがあっても、こういうふうに応えました、こういう手続きを取ってもらいました、というような情報を、各配送担当者にメールで発信し、同じ情報を共有できる体制が構築されているということだ。

子育てから高齢者介護まで、地域のくらしに生涯寄り添う生協の〝お役立ち〟は、もちろん、「くらしの安全・安心」を制度的に保障するCO・OP共済によっても、その取り組みのなかで、しっかりと繋《つな》ぎとめられている。

〝福井発の挑戦〟は、今、まさに新しい展開を迎えようとしている。

東日本大震災での福井県民生協の初動

二〇一一年三月一一日午後二時四六分――。

日本生協連がある東京・渋谷のビルでは、ぐら、ぐら、ぐらっと、やにわに襲ってきた激しい揺れに仰天し、職員らは慌ててデスクの下に潜り込んで身を守ったのだった。しかし、その大きな地震の印象は、何かとてつもない不気味さを伴って身に迫り、ようやく揺れが収まってからも、その多くがしばらく茫然《ぼうぜん》自失のまま、その場に立ちすくんでしまった。

その後も大きな余震が断続的にやってきたが、その被害の本当の恐ろしさを目の当たりにしたのは、その日以来、テレビの画面に映し出される、一面瓦礫《がれき》の山と化した被災地の索漠《さくばく》たるありさまだった。いったいどのようにしたら、あんな壊滅的な破壊が起こるというのだろうか。

二〇一一年東北地方太平洋沖大地震は、三陸沖、二四キロの深さを震源とする未曾有の大地震で、それまで想定することすらできなかった、マグニチュード九・〇という、世界最大級とも言われる激烈なエネルギーによって引き起こされたものであることが分かった。

本書が出される時点では、まだ、東北から関東地方にかけての多くの被災地では、大地震による被害（東日本大震災）からの、懸命な復興の取り組みが緒についたところと思われる。が、この大震災の直後から、被災地を支援するためにいち早く立ち上がった福井県民生協の果敢な取り組みについて、現在までの報告を書き添え、ペンを擱《お》くことにしたい。

すでに翌日に発せられた組合員に向けての義援金の呼び掛け

福井県民生協のこの大震災での初動は、すでに地震があった翌一二日の朝にハーツ全店で発せられた、組合員に向けての支援物資と義援金の呼び掛けだった。さらに同日から、被災地の現況を生々しく伝えていたテレビのテロップで、行政や他のどの団体よりもいち早く、福井県民生協の呼び掛けが繰り返し流され続けた。そして、支援物資や義援金を持参した組合員の思いは、ハーツ全店に長い行列をつくらせることになったのだ。

地震から一か月余りが経過した四月一三日現在、福井県民生協の店舗・ハーツ各店と共同購入（宅配）事業を通して寄せられた義援金は、実に四六、三二四、〇〇〇円にも上った。また、ハーツ各店には、被災地で今、何が求められているかを明示した上で、支援物資の受付コーナーが設けられ、そこには物資と共に、被災者に向けたたくさんのメッセージも寄せられたという。支援物資やこれらのメッセージは、被災地で活動する生協を通じて被災者に届けられた。

三月二四日から二六日にかけて、これらの義援金の一部である八〇〇万円が、福井県民生協の理事長、専務理事、そして組合員理事らの手によって、福井県や福井県共同募金会、日本赤十字社福井県支部、そして、福井新聞社などに託された。

これに先立つ一四日から一五日にかけては、福井県に毛布や紙オムツなどを四トントラックで三台分搬入し、後日、それらの物資は、福井県から福島県に輸送された。また、一六日には、飲料や保存食、毛布、タオルなど一〇トントラック一台分が、被災地域で活動する、いわて生協に搬入された。さらに一八日には、やはり紙オムツ、飲料、粉ミルクなど一〇トントラック一台分が、みやぎ生協に送られている。コープふくしまへの物資の搬入は、二五日に行われている。福井県民生協ではこうした物資による支援と共に、職員が被災現地に入り、災害救援活動も行っている。

被災地域の商品を供給し、組合員が買い支えることで被災地域の人々を支援する

福井県民生協が商品の供給を行っていた、被災地域の産直生産者「津軽産直組合」から

は、大地震後、道路事情やガソリン不足のため、商品の入荷ができない状態が続いていたが、岩手県に救援物資を搬送したトラックを差し向け、リンゴ三、六〇〇キロを買い付け、ハーツ各店で組合員に供給され、好評だったという。これも、福井県民生協ならではの被災地支援の形と言えるのではないだろうか。

このような被災地域の商品を供給し、組合員が買い支えることで被災地域の人々を支援する取り組みは、さらに四月に入ってから、東日本応援企画「がんばらにゃ！　東日本」という取り組みに結実し、ハーツ各店で大々的に展開された。「がんばらにゃ！　東日本」は、「福井県民生協一二万人の組合員の利用で東日本の早期復興に向けて応援していきましょう」というスローガンを掲げ、被災地域から集められた商品に利用を結集し、生産者・メーカーをサポートすると共に、その売上の一部を義援金に充てるというものだ。

四月二三日から二五日にかけて、ハーツ各店で行われた「応援企画売り出し期間」に取り扱われた商品には、前述した津軽産直組合のりんごの他、福井県社会福祉協議会が、岩手県陸前高田《りくぜんたかた》市にある被災した勤労継続支援事業あすなろホームの事業再開のため現地入りし、障がい者の生産意欲を高めるために購入した「乾燥ヤーコン」「乾燥れもん煮ヤーコン」「ヤーコン茶」なども含まれている。福井県社会福祉協議会では、〝福井発〟による被災地復興への願いをつないでいくために、「つないで陸高！　なじょにすがっぺ」ステッカーを制作するなどして、支援の輪を広げる活動を行っているのだ。

ちなみにヤーコンというのは、南米アンデス原産のキク科の植物。ダリアと同じ仲間というヤーコンのサツマイモのような塊根《かいこん》には、大量のフラクトオリゴ糖が含まれており、その葉はかなり苦味が強いものの、血糖値を低下させる作用が知られていて、お茶として飲用されるのだそうだ。

生協のネットワークによって寄せられた商品では、いわて生協が開発した「iCOOP盛岡じゃじゃ麺」や「iCOOP南部せんべい」、そして、「iCOOP手造りかりんとう」や、青森県民生協の協力による八戸《はちのへ》漁港のメーカーや青森県漁連を通じた品揃《ぞろ》えの「しめさば」「真いか一夜干し塩風味」などがラインアップされた。

また、福島第一原発の事故により、風評被害に見舞われている農産物の生産者への支援として、福井県民生協が、茨城県産のレタスの販売を行ったことなども特筆に価する。もとより、茨城県産の農畜水産物等については、県独自にその安全確認を進め、検査結果を公表している。したがって、現在出荷されている茨城県産の農畜水産物は安全性が確保されているのだが、福井県民生協では、さらに独自の検査も実施したうえで、全店で四、〇〇〇玉のレタスを組合員に提供した。

被災地の一日も早い復興と安寧の日が訪れることを祈って

それにしても、福井県民生協による災害復興のための取り組みが、かくも迅速に、しかも一二万人の組合員を巻き込んで、きわめて感度よく行われている理由は何なのだろうか。その一つの解答は、まさしく東日本応援企画「がんばらにゃ！　東日本」を組合員に向けて発信したチラシに掲載されている、理事長の藤川武夫《ふじかわたけお》さんのメッセージが、何より雄弁に物語っているように思われる。

２００４年福井豪雨の折には、東北地方にある生協の職員の仲間を始め、全国の生協組合員の皆様がボランティアとしてこの福井の地に来福され、復興に大きな力と私たちに大きな勇気をいただきました。お陰様で今日の豊かな郷土福井を復興することができました。

今回の〝がんばらにゃ！　東日本〟企画は、今度は私たちが福井の地から被災された皆様へ送るエールであります。

大きな買い支えのご支援を賜りますこと、心よりお願い申し上げます。
県民せいきょうは1日も早い復興をお祈りしますとともに、復興の日までねばり強く応援していきます。

かつて、阪神・淡路大震災のとき、「被災地に生協あり」と言われた生協のネットワークは、ここ福井と東日本大震災の被災地域の生協や生産者・メーカー、そして、地域の人々との間でも機能している。私たちはそこから、地域と地域との確かな絆を伴って、「一人は万人のために、万人は一人のために」という協同組合の精神を受け継ぎながら、生協は今日も、脈々とその遺伝子をつないでいることを知るのだ。

被災地の一日も早い復興と、安寧の日が訪れることを心から祈って……。

（了）

福井県民生協のあゆみ

【年度】	【主な出来事や取り組み】
一九七一	前身の福井労済生協に物資部誕生。牛乳から供給を開始する。
一九七四	福井市に供給センター完成。
一九七五	供給センターに大型冷蔵・冷凍庫を設置し、生鮮品の供給を開始。
一九七七	福井県民生協設立総会。
一九七八	福井県から正式認可を受け、共同購入（宅配）を開始。
一九八二	共同購入の丹南センター完成。敦賀センター移転オープン。
一九八四	丸岡総合物流センター完成。
一九八六	若狭、奥越センター完成。
一九八七	鯖江センター完成。
一九九〇	福井北センター完成。宅配を多様化させ、個人でも利用可能な大型班（ステーション）を全国に先駆けて展開。
一九九一	共済事業を開始。

一九九三	坂井センター完成。
一九九五	阪神・淡路大震災への支援。
一九九六	ハーツ羽水開店。
一九九七	ハーツさばえ開店。
二〇〇〇	高齢者福祉事業を開始。
二〇〇二	ハーツつるが開店。
二〇〇三	高齢者福祉施設・羽水きらめき開所。
二〇〇四	福井市で子育て支援事業を開始。
二〇〇五	ハーツはるえ開店。
	丹南きらめき開所。
	ＣＲＭシステムを導入。
	福井県経営品質賞知事賞受賞。
二〇〇七	大野きらめき、宝永きらめき開所。
	日本経営品質賞受賞。
二〇〇八	ハーツ学園開店。
	嶺北センター完成。

二〇〇九	坂井きらめき開所。 ハーツたけふ開店。 奥越、丹南、嶺南エリアで「ハーツ便」スタート。
二〇一〇	「ハーツ便」を八台に増便、稼動エリアを拡大。 グループホーム事業所・坂井きらめき開所。 江守きらめき開所。
二〇一一	夕食弁当宅配と買い物代行サービスを開始。 東日本大震災への支援開始。

あとがき

ハーツ便の同乗取材をさせてもらったときのことだった――。

ステーションに〝来店〟し、商品を手にしながら楽しそうに会話する地域の人たちを眩《まぶ》しそうに見つめていた、福井県民生協のある若い職員がふと漏らしたつぶやきが、今も心に響いている。

「実際に見たことはないんですけどね、先輩からよく聞く〝班〟って、こんな感じだったのかなあって……」

確かに、ハーツ便の稼動当初から一貫して残っているステーションは、かつての共同購入（宅配）の班があったところと重なっていることが多い、という話を聞いた。してみると、その若い担当者が漏らした何気ない感想は、案外、正鵠《せいこく》を射ているのかもしれない、と思ったものだ。

今からかれこれ四〇年前、本書でご紹介した田行《たぎょう》恵美子《えみこ》さんたちが、一人一〇〇円の出資金を集め、「力をあわせて自分を守っていく」ために、福井県民生協における、初の共同購入家庭班を結成したのだった。もちろん、その当時のことを知る由もないその若い担当者は、生協のこうしたDNAをどのように受け止め、これから後、それをどのように次代に引き継いでいくか、ということを想像するだけでも、なぜか心が沸き立ってくるようだ。

〝福井発の挑戦〟は、二一世紀の生協の役割を考える上で、私たちにさまざまな示唆を与えてくれている。が、そうした取り組みの一つひとつは、今日、突然降って湧いたように生まれたものではない。地域を活動の拠点として、永年にわたって営々と取り組みを継続してきた生協の、そして、その先人たちが不断に注ぎ続けてきた情熱と試行錯誤の歴史が、新たな挑戦を生み出してきたことを忘れてはならないだろう。

〝地域発〟の取り組みは今、未曾有の大災害に見舞われた地域の人々と、全国の仲間たちとが結び合うことによって、協働の力による新たな〝絆〟を構築しつつある。復興への道のりは険しくとも、協同組合、生協の持てるポテンシャルの全てを傾注して、力強い支援の輪が、さらに大きく広がっていくことを願ってやまない。

最後になったが、本書の取材に全幅のご協力をいただいた、理事長の藤川武夫《ふじかわたけお》氏をはじめ福井県民生協の皆さまに対し、心より感謝申し上げる。

二〇一一年五月

編者

福井発の挑戦
生協が取り組む経営品質向上と事業ネットワーク

［発行日］2011年6月23日　初版1刷
2013年1月20日　初版2刷

［検印廃止］

［編　者］日本生活協同組合連合会会員支援本部

［発行者］芳賀唯史

［発行元］日本生活協同組合連合会出版部
〒150-8913　東京都渋谷区渋谷3-29-8　コーププラザ
TEL 03-5778-8183

［発売元］コープ出版㈱
〒150-8913　東京都渋谷区渋谷3-29-8　コーププラザ
TEL 03-5778-8050
www.coop-book.jp

［制　作］OVERALL

［印　刷］日経印刷㈱

Printed in Japan

ISBN978-4-87332-306-0